Hubert Albus

Training Deutsch

Aufsatz

Kopiervorlagen zu den neuen Prüfungsaufgaben

9./10. Klasse

Mit Lösungen

BRIGG Pädagogik

Gedruckt auf umweltbewusst gefertigtem, chlorfrei gebleichtem
und alterungsbeständigem Papier.

3. Auflage 2011
Nach den seit 2006 amtlich gültigen Regelungen der Rechtschreibung

ISBN 978-3-87101-**302**-7 www.brigg-paedagogik.de

Inhaltsverzeichnis

Vorbemerkungen

Schriftlicher Sprachgebrauch / Textarbeit

Zeit: 9.10 Uhr - 11.40 Uhr (150 Minuten)

Es werden nur noch zwei Texte angeboten, ein Sachtext und ein literarischer Text. Die Prüflinge wählen dann selbständig einen der beiden Texte zur Bearbeitung aus. In Sachtexten sind inzwischen vermehrt Grafiken, Bilder und Zeichnungen zu finden. Das Lesen und Auswerten von Schaubildern wird stärker gewichtet als in früheren Prüfungen.

Im vorliegenden Band werden überwiegend Texte mit Grafiken angeboten, um diese Neuerungen verstärkt üben zu können. Schaubilder und Statistiken sind in die Arbeitsaufgaben integriert und müssen zur Beantwortung „gelesen" werden.

In der Textarbeit können in der 9. Jahrgangsstufe höchstens 32 Punkte, in der 10. Jahrgangsstufe maximal 36 Punkte erzielt werden.

Die in Klammern stehende Bepunktung im Lösungsteil wird nach inhaltlichem und sprachlichem Aspekt unterschieden. Die Ziffer vorne bezieht sich auf den Inhalt, die Ziffern hinten auf die Sprache. Bei der Korrektur können natürlich auch halbe Punkte vergeben werden.

9. Klasse:

In der Deutschprüfung sind in den Bereichen Rechtschreiben und Textarbeit maximal 48 Punkte zu erreichen. Davon fallen auf das Rechtschreiben 16 Punkte, auf die Textarbeit 32 Punkte. Die Punkte aus beiden Bereichen werden addiert und ergeben dann die Gesamtnote im Fach Deutsch.

Die Punkte aus dem Rechtschreibtest (Teil A) und aus der Textarbeit (Teil B) werden addiert. Maximal können 16 Punkte im Rechtschreiben, insgesamt also 48 Punkte erreicht werden.

Notenschlüssel 9. Klasse:

Rechtschreiben und Textarbeit:

Note 1: 48,0 - 41,0	Note 2: 40,5 - 33,0	Note 3: 32,5 - 25,0
Note 4: 24,5 - 16,0	Note 5: 15,5 - 8,0	Note 6: 7,5 - 0,0

10. Klasse:

Die Rechtschreibleistung in Form eines Diktattextes mit rund 200 Wörtern wird mit maximal 12 Punkten bewertet und zur Punktzahl im textgebundenen Schreiben, die 36 Punkte umfasst, addiert.

Notenschlüssel 10. Klasse:

Rechtschreiben und Textarbeit:

Note 1: 48,0 - 44,0	Note 2: 43,5 - 38,0	Note 3: 37,5 - 30,0
Note 4: 29,5 - 20,0	Note 5: 19,5 - 11,0	Note 6: 10,5 - 0,0

Textarbeit allein:

Note 1: 36,0 - 33,0	Note 2: 32,5 - 28,0	Note 3: 27,5 - 22,0
Note 4: 21,5 - 16,0	Note 5: 15,5 - 9,0	Note 6: 8,5 - 0,0

Dieser Schlüssel gilt auch für Schüler, die eine LRS aufweisen.

Falls die Textarbeit in der 10. Klasse wie in der 9. Klasse nur noch mit 32 Punkten bewertet werden sollte, gilt der Notenschlüssel unten.

Textarbeit:

Note 1: 32,0 - 28,0	Note 2: 27,5 - 23,5	Note 3: 23,0 - 18,0
Note 4: 17,5 - 13,5	Note 5: 13,0 - 7,0	Note 6: 6,5 - 0,0

Auch dieser Schlüssel gilt für Schüler mit einer LRS.

D Name: ______________________ Datum: ______________

Textblatt
Kick it like Beckham

Der Film und das Buch „Kick it like Beckham“ handeln von dem indischstämmigen Mädchen Jess, eigentlich Jesminder Bhamra. Jess lebt mit ihrer Familie in England. Soeben hat sie ihre Schulabschlussprüfungen erfolgreich hinter sich gebracht. Sie soll Jura studieren und möglichst bald einen ordentlichen indischen Mann heiraten. Doch dazu hat Jess nicht die geringste Lust. Ihr großes Hobby ist – zum Entsetzen ihrer konservativen Eltern, besonders ihrer Mutter – Fußballspielen. Sie träumt davon, mit dem berühmten Fußballer, David Beckham in einer Mannschaft zu spielen.

Manchester United gegen Anderlecht. Die Zuschauer, ein Meer aus Rot und Weiß, sind unglaublich nervös. Sie warten auf das alles entscheidende Tor. „Die große Frage ist nur, wer von Manchester United das Tor schießen wird“, sagt der Reporter atemlos. „Wird es Scholes sein? Oder vielleicht Ryan Giggs. Oder wird David Beckham hier die Entscheidung bringen?“ Die Zuschauer lehnen sich vor und feuern die Spieler an. Die Atmosphäre ist wie elektrisiert. „Oh, da kommt ja der Ball, auf den Beckham gewartet hat! Jede Menge Spieler im Mittelfeld, und auch Jesminder Bhamra kämpft sich durch. Eine wunderbare Flanke von Beckham, und da ist Bhamra. Was für ein großartiger Kopfball! - und ... und ... TOR!“ (...)

In der nächsten Sekunde wurde die Tür meines Zimmers aufgerissen. „Jesminder, hast du mich nicht gehört?“, fauchte Mum. Verflixt, warum muss sie einen immer stören, wenn es gerade am spannendsten ist? (...)

„Jesminder, bist du verrückt geworden?“ Anklagend blickte Mum zuerst auf den Fernseher, dann auf mich. Mit ihrem speziellen Blick, der überdeutlich sagt: Hör zu, ich bin deine Mutter und habe hier das Sagen. „Fußball hin oder her! Morgen ist die Verlobungsfeier deiner Schwester und du sitzt hier herum und schaust dir diesen Glatzkopf an!“ Aufgebracht riss sie mir die Fernbedienung aus der Hand und schaltete den Fernseher aus. Ich stöhnte gequält auf. „Oh, Mum! Beckham wird gleich ein Tor schießen!“ Doch das interessierte Mum natürlich nicht im Geringsten. Wie immer. „Komm sofort nach unten!“, befahl sie mir. „Deine Schwester wird gleich verrückt.“

Ach, erzähl mir etwas, was ich noch nicht weiß! Pinky ist sowieso ziemlich verrückt. Und jetzt, so kurz vor ihrer Hochzeit, war sie total am Durchdrehen. Sogar hier oben war im Moment zu hören, dass sie unten im Flur wegen irgendwas ausrastete. Mit einem leisen Seufzer erhob ich mich. Nicht einmal in meinem Zimmer hatte ich meine Ruhe. Es war genau nach meinem Geschmack eingerichtet und Mum regte sich ständig darüber auf. Überall waren Bilder von David Beckham, und mein Manchester United-T-Shirt mit der Nummer 7 hing ebenfalls an der Wand. Beckham war mein großes Idol. Okay, ich weiß, was ihr jetzt denkt. Stimmt, er ist verdammt süß. Das sieht sogar ein Blinder. Doch das ist nicht der Grund, warum ich auf ihn stehe. Auf dem Spielfeld ist er ein Gott. *Niemand* kickt wie Beckham.

„Diese Hochzeit hängt mir jetzt schon zum Hals heraus, dabei hat sie noch gar nicht angefangen“, brummte ich mit einem Hilfe suchenden Blick auf Beckhams Poster, das über meinem Bett hängt. Ich weiß, es klingt komisch, aber ich rede oft mit ihm. Beckham blickte auf mich herab, als würde er mich verstehen. Er verstand mich immer. Sonst tat das niemand. Zumindest nicht in diesem Haus. (...)

D	Name: ______________________	Datum: ______________	

Aufgabenblatt
Kick it like Beckham

1. Im ersten Abschnitt erfährst du einiges über Jess. Beantworte dazu folgende Fragen:	3
a) Woher stammt ihre Familie und wo lebt sie?	(1)
b) Was wünschen sich die Eltern von ihrer Tochter?	(1)
c) Was gefällt den Eltern an Jess überhaupt nicht?	(0,5)
d) Welches Erfolgserlebnis hatte das Mädchen vor kurzer Zeit?	(0,5)
2. Welche <u>vier</u> Aussagen sind sinngemäß im Text enthalten? Notiere die entsprechenden Buchstaben. a) Jess sieht sich ein Fußballspiel an und beginnt zu träumen. b) Jess spielt mit Beckham in einer Mannschaft. c) Jess findet in ihrer Mannschaft nicht die richtige Anerkennung. d) Jess will so gut wie Beckham spielen. e) Jess glaubt, dass Beckham der einzige ist, der sie versteht. f) Jess soll für ihren Schulabschluss lernen statt Fußball zu spielen. g) Jess nervt der Trubel um die Hochzeit ihrer Schwester.	2
3. Folgende Begriffe kommen im Text als Fremdwörter vor und werden sinngemäß mit folgender Bedeutung verwendet: a) altmodisch, an Bewährtem festhaltend — b) Stimmung c) besonders — d) Publikumsliebling, Vorbild Schreibe sie heraus und ordne sie den deutschen Begriffen zu.	2
4. Im Text findest du diese sprachlichen Bilder: a) „ein Meer aus Rot und Weiß" (Zeile 9) b) „hängt ... zum Hals heraus" (Zeile 44) Erkläre die Bedeutung jeweils mit eigenen Worten.	4
5. Das Bild in der Mitte gibt die Stimmung der Eltern wieder.	
a) Zitiere drei Textstellen, die die Stimmung der Mutter verdeutlichen.	3
b) Der Vater scheint eher nachdenklich zu sein. Versetze dich in seine Lage und schreibe auf, was er denkt. Verwende dabei die Ich-Form.	4
6. Das Bild unten zeigt Jesminder vor einem Poster ihres Idols. Schreibe Jess eine E-Mail, in der du einerseits Verständnis für ihre Schwärmerei zeigst, andererseits aber auch Bedenken äußerst.	4
7. Jesminder verhält sich nicht wie ein „typisches" Mädchen und auch nicht wie eine „richtige" Inderin. Ihre Eltern erwarten ein anderes Verhalten. a) Zeige an drei weiteren Beispielen, dass Jugendliche den Erwartungen ihrer Familie nicht immer entsprechen.	3
b) Erläutere an einem Beispiel, dass man manchmal auch seinen eigenen Weg gehen muss.	3
8. Jess träumt von einer Karriere als Fußballspielerin. Wer das ganze Buch gelesen hat, weiß, dass sie am Ende auch Erfolg hat. Sie gibt nicht auf und hält gegen alle Widerstände an ihrem Traum fest. Beschreibe einen Traum, für den es sich <u>deiner Meinung nach</u> lohnt zu kämpfen.	4
	32

D

Lösungsblatt
Kick it like Beckham

zu 1.

a) Die Familie stammt aus Indien, lebt aber in England. 1

b) Die Eltern wünschen sich, dass Jess Jura studiert und einen indischen Mann heiratet, anstatt ständig an Fußball zu denken. 1

c) Ihren Eltern gefällt überhaupt nicht, dass ihr großes Hobby Fußball ist. In Jess' Leben dreht sich alles nur um den Fußballrasen. 0,5

d) Sie hat ihre Schulabschlussprüfung erfolgreich hinter sich gebracht. 0,5

zu 2. 2

a/d/e/g (2/-)

zu 3. 2

a) konservativ = altmodisch, an Bewährtem festhaltend (2/-)

b) Atmosphäre = Stimmung

c) speziell = besonders

d) Idol = Publikumsliebling, Vorbild

zu 4.

a) „ein Meer aus Rot und Weiß" 2

Im Ursprünglichen ist das Meer eine riesige, endlos scheinende blaue Fläche. Im übertragenen Sinne kann ein mit Menschenmassen dicht gefülltes Stadion mit den wogenden Wellen des Meeres verglichen werden, wobei das Schwenken der Fahnen und die farbigen Trikots zum Beispiel in Rot und Weiß diesen Vergleich noch verstärken. (1/1)

b) „hängt ... zum Hals heraus" 2

Im ursprünglichen Sinn bedeutet diese Redensart, dass man überaus satt ist und man nichts mehr runterschlucken kann. Übertragen ist gemeint, dass man etwas, was man ständig zu sehen oder zu hören bekommt, überdrüssig geworden ist. (1/1)

zu 5.

a) „Jesminder, hast du mich nicht gehört?", fauchte Mum. (Zeilen 19/20) 3

„Jesminder, bist du verrückt geworden?" (Zeile 21) (3/-)

Anklagend blickte Mum zuerst auf den Fernseher, dann auf mich. Mit ihrem speziellen Blick, der überdeutlich sagt: Hör zu, ich habe hier das Sagen. (Zeilen 22 - 25)

b) Arme Jesminder! Ständig muss die Frau an ihr was aussetzen. Kann sie nicht einmal, nur einmal ihren Mund halten? Nein! Sie macht gleich aus einer Fliege einen Elefanten. Diese wunderbare Ruhe wird jeden Tag von ihrem Gemotze unterbrochen. Und ich als ihr Ehemann muss ihr auch noch helfen und sie unterstützen, schließlich ist das für meine Ehefrau selbstverständlich, dass sie in allem von mir Hilfe bekommt. Außerdem bin ich nicht gerade erpicht darauf, mich mit ihr anzulegen - zuletzt endet das immer im Streit. Worauf habe ich mich damals nur eingelassen? Kaum verheiratet, müssen wir Männer Schoßhündchen spielen und dürfen nur dann kläffen, wenn's erlaubt ist. Meine arme Tochter. Ich kann sie gut verstehen! 4 (2/2)

zu 6. 4

Liebe Jess, (2/2)

ich als deine langjährige Freundin kann dich natürlich verstehen. Wenn das stimmt, was du in deiner letzten Mail über deine Mum geschrieben hast, dann ist deine Mutter wirklich fies. Schließlich ist es deine Sache, ob du Fußball spielst oder nicht.

Trotzdem will ich dir einen Rat erteilen. Ich kenne dich sehr gut und weiß, wie du von Beckham schwärmst und wie du über den „ach so guten" Fußballspieler denkst. Selbstverständlich ist er

Lösungsblatt
Kick it like Beckham

als Fußballer großartig und einzigartig. Allerdings stört es mich, dass du fast schon täglich irgendein Fußballspiel von ihm anschaust. Du steigerst dich da in etwas rein mit deinen Träumereien. Es ist schön zu träumen, aber falsch und auch gefährlich, die Realität zu verdrängen. Lebe hier und jetzt in der Wirklichkeit. Ich bitte dich, reduziere deine Schwärmereien. Es ist nicht leicht für dich, gewiss, aber dennoch richtig und wichtig.
Deine Freundin Sarah

zu 7.

a) Jess ist nicht das Mädchen, das ihre Eltern sich vielleicht gewünscht hätten. Sie erfüllt nicht die Erwartungen, die von ihren indischen Eltern an sie gestellt sind. Doch nicht nur Jess, auch andere Jugendliche entsprechen nicht den Vorstellungen der Eltern. 3 (2/1)
In vielen Familien wird darauf geachtet, dass die Kinder gute Schulleistungen mit nach Hause bringen. Enttäuscht und zum Teil zornig reagieren die Eltern, wenn die gewünschten Noten nicht erreicht worden sind.
Ähnlich ist es, wenn Kinder eine von den Eltern gewünschte, sportliche Leistung nicht erzielen. Dann heißt es, man habe sich nicht richtig angestrengt und nicht genug gekämpft, um den ersten Platz zu erringen.
Ein weiteres Beispiel wäre, dass ein Kind nicht den gewünschten Charakterzug aufzeigt. Heranwachsende, die zu Gewalt neigen, die Mitschüler mobben, die Schule schwänzen oder gar mit dem Gesetz in Konflikt geraten, sind nicht gerade die „Traumkinder" in der Gesellschaft. Meistens schämen sich die Eltern solcher Teenager.

b) Für Jess ist es wichtig Fußball zu spielen. Sie hat auch Talent dazu. Sie wird einen parallelen Weg zu ihrer Familie einschlagen und weiterhin darauf trainieren, Fußballprofi zu werden. 3 (2/1)
Es ist nicht immer das Richtige, den „vorgetrampelten" Pfad einzuschlagen, auch wenn es bequemer ist. Oft müssen neue Wege gegangen werden, um z. B. den gewünschten Beruf erlernen zu können. Gerade hier können in der Familie eklatante Meinungsverschiedenheiten auftreten. Von Elternseite ist gewünscht, dass du gleich nach der Schule in das Berufsleben als Bürokauffrau einsteigst, um Geld zu verdienen. Allerdings hast du das nicht vor. Du willst dich weiterbilden und nach dem Fachoberschulabschluss ein Studium beginnen. Deshalb findest du es überhaupt nicht gut, dass deine Eltern oder Geschwister für dich entscheiden wollen. Du willst deinen eigenen Weg gehen, auch wenn er nicht immer einfach sein mag.

zu 8. 4 (2/2)

Du solltest immer ein Ziel vor Augen haben. Auch ich habe einen Traum und ein Ziel. Ich möchte eine richtige Profi-Westernreiterin werden. Fast täglich besuche ich mein Pflegepferd für mehrere Stunden. Ich trainiere mit ihm, putze und verpflege es. Ich merke, wie ich jede Stunde, in der ich reite, besser werde und immer wieder dazu- und weiterlerne. Auch wenn meine Mutter nicht begeistert davon ist, dass ich so viel Zeit mit dem Pferd verbringe, lasse ich mich nicht davon abbringen. Das Tier vertraut mir und unsere Harmonie macht mich glücklich.
Es wäre für mich der Horror, wenn ich nicht mehr reiten dürfte. Es ist schon fast unerträglich, wenn ich einen Tag nicht auf dem Rücken des Tieres sitze. Für mich ist das Pferd ein guter Freund und ein treuer Gefährte. Ich werde alles dafür tun und so hart trainieren, dass ich erfolgreich auf einem Turnier starten kann. Ich wehre mich gegen die Aussage meiner Mutter, die Reiterei wäre nicht gut für mich und sei nicht so wichtig. Für mich ist es ein Teil meines Lebens und ich habe es schon fest in mein Herz geschlossen. Ein Traum ist meist unrealistisch, aber er zeigt, wie wir denken und was unser Inneres begehrt. Ich werde versuchen, meinen Traum in die Wirklichkeit zu holen und ich bin mir sicher, dass ich es schaffen werde.

Sarah P. (9 a) **32**

D Name: ______________________ Datum: ______________________

Textblatt
Fitness aus der Küche

Großbritannien macht Ernst: Auf der Insel gibt es ab dem folgenden Schuljahr keine Süßigkeiten und Softdrinks mehr an Schulen. Englands Schulbehörden haben Schokoriegeln und Cola den Kampf angesagt: Vom kommenden Schuljahr an dürfen in den Lernanstalten keine Süßigkeiten und Limonaden mehr verkauft werden. Diese Initiative will die zunehmende Fettleibigkeit von Kindern bekämpfen. Denn knapp ein Viertel der britischen Schulkinder hat Übergewicht. Vor 20 Jahren war es nicht einmal jedes zehnte Kind *(siehe Abb. links)*.

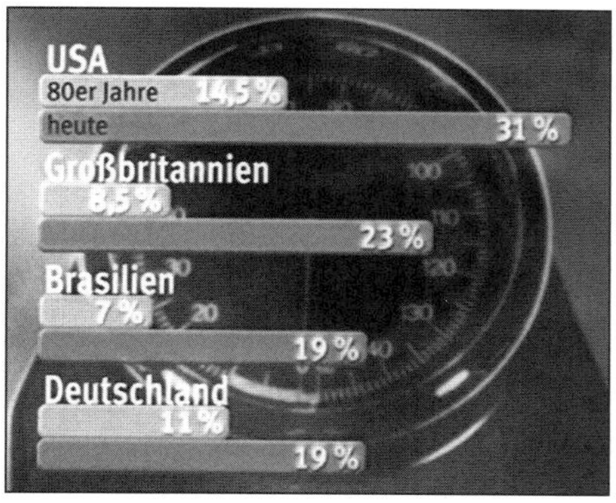

Die Schulkantinen müssen ab Herbst statt Süßigkeiten Äpfel, Orangen oder Bananen anbieten. Aus den Automaten verschwinden Cola, Chips und sonstige Dickmacher. Künftig sollen die Kinder Wasser, Tee, Obstsäfte oder Joghurt-Getränke mit weniger als fünf Prozent Zucker konsumieren.

Auch dem britischen Fernsehstarkoch Jamie Oliver liegen die kleinen Dicken in seinem Land „schwer im Magen". Er versteht sich als kulinarischer Erzieher und möchte auch dazu beitragen, dass sich seine kleinen Landsleute gesünder ernähren. Und er hat Erfolg. Inzwischen wird an vielen britischen Schulen nach Rezepten aus Olivers TV-Sendung gekocht.

Ernährungsexperten sind sich aber bewusst, dass nur ein allgemeiner Sinneswandel die Situation ändern kann. Die neuen Schulstandards sollen das Essen besser machen. Aber das kann nur, Erfolg haben, wenn, die Kinder auch sonst nicht ständig von Schokolade, Chips und Cola umgeben sind.

Kinder, die durch falsche oder einseitige Ernährung zu dick werden, sind natürlich nicht nur in Großbritannien ein Problem. So kämpft auch in Deutschland fast jedes fünfte Kind mit Speckröllchen und damit Übergewicht. Auch in Bezug auf ihre Kondition sind die Kleinen so wenig fit wie nie zuvor. Die Gründe sind mangelnde Bewegung und schlechte Ernährung. Die überflüssigen Pfunde sind für viele Kinder ein Grund zum Schämen und machen sie oft zur Zielscheibe von Hänseleien. Die Übergewichtigen empfinden die seelischen Folgen der Fettleibigkeit weit schlimmer als die körperlichen, wie zum Beispiel Gelenkschmerzen, Verlust der Ausdauer und Einschränkungen in der Bewegung. Doch vitamin- und nährstoffreich zu kochen, braucht Zeit. Und die ist in Familien mit berufstätigen Eltern knapp bemessen. Denn es geht einfacher und schneller, Pommes in die Friteuse zu werfen oder eine Pizza in den Backofen zu schieben.

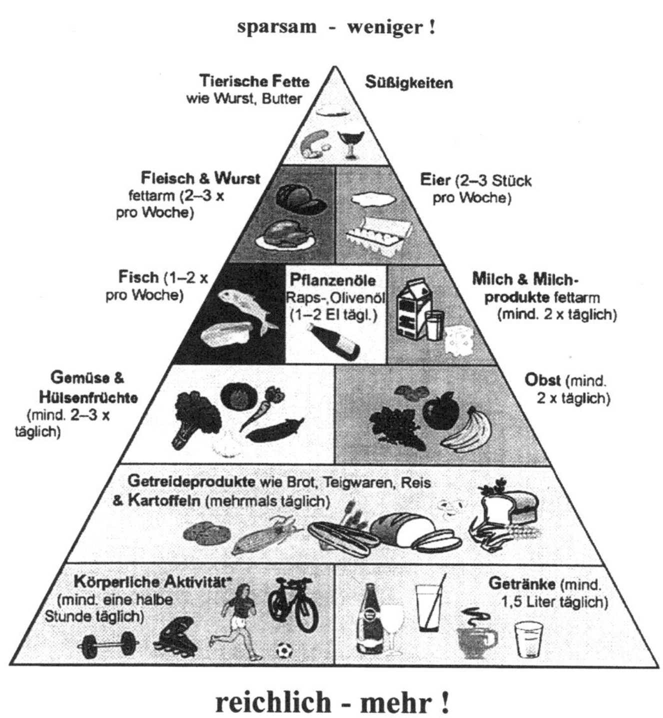

„Kinder müssen wieder lernen, nicht einfach nur reinzuhauen, sondern mit Genuss zu essen", erklärt Susanne Klug. Sie hat in München die „Kinderküche" eröffnet. An sechs Tagen in der Woche bietet sie Koch-und Backkurse für Zwei- bis Sechzehnjährige an. Hier lernen die Kinder überhaupt wieder richtig zu schmecken. So können viele Kinder in Deutschland kaum mehr Salat an seinem Geschmack erkennen. Indem die Kinder das Gericht aussuchen dürfen, die Zutaten mit einkaufen und beim Zubereiten dabei sind, werden sie zu gleichberechtigten Küchenmitgliedern. Beim Kochen von Zitronengrassuppe und selbst gemachter Mayonnaise lernen sie ganz nebenbei, sich gesund zu ernähren. Es ist gut, wenn sich Medien, Köche und Minister für übergewichtige Kinder „stark machen"; die tägliche Unterstützung aus dem nahen Umfeld aber ist noch wichtiger. Deshalb sind Familie und Pädagogen gefordert, den Kleinen Mut zuzusprechen, Hilfe beim Abtrainieren überflüssiger Pfunde zu leisten und ihr Selbstwertgefühl zu stärken.

Text: dpa

D	Name: ______________________	Datum: ______________	

Aufgabenblatt
Fitness aus der Küche

1. Fasse die Grundaussagen des Textes kurz zusammen.	2
2. Folgende Begriffe kommen im Text als Fremdwörter vor: a) verbrauchen, zu sich nehmen b) auf die Kochkunst bezogen c) Ausdauer, körperlicher Zustand d) Erzieher, Lehrer Schreibe sie heraus und ordne sie entsprechend zu.	2
3. Der Text enthält folgende Sprachbilder: a) „den Kampf angesagt“ (Zeile 2) b) „liegen ... schwer im Magen“ (Zeile 14) Erkläre diese Ausdrücke mit eigenen Worten an je einem selbst gewählten Beispiel.	4
4. Die Grafik links oben veranschaulicht und ergänzt den Text. a) Formuliere dazu eine passende Überschrift.	2
b) „Kinder, die durch falsche oder einseitige Ernährung zu dick werden, sind natürlich nicht nur in Großbritannien ein Problem.“ (Zeilen 20/21) Erläutere diese Aussage mithilfe des Schaubildes links oben.	2
5. Schreibe stichpunktartig aus dem Text vier mögliche Folgen des Übergewichts bei Kindern heraus.	2
6. „Ernährungsexperten sind sich aber bewusst, dass nur ein allgemeiner Sinneswandel die Situation ändern kann.“ (Zeilen 17/18) Erläutere dieses Zitat aus dem Textzusammenhang.	4
7. „So bleibst du gesund und fit!“ Verfasse einen „Ratgeber“ für eine gesunde Lebensweise, wie er in einer Jugendzeitschrift stehen könnte. Verwende dazu Informationen aus dem Text, aus der Grafik rechts unten und aus deinem Erfahrungsbereich.	8
8. Gesundheit und Fitness sind wichtig. Zu einem glücklichen, erfüllten Leben gehört jedoch mehr. Verdeutliche dies ausführlich an Beispielen.	6
	32

D

Lösungsblatt
Fitness aus der Küche

zu 1. Grundaussage des Textes: 2 (1/1)

In dem Text „Fitness aus der Küche", der dem Magazin „Focus" vom 3. März 2006 entnommen ist, geht es um das Übergewicht von Kindern und Jugendlichen in verschiedenen Ländern. So wird in Großbritannien eine Initiative gestartet, die Süßigkeiten aus Schulkantinen und Pausenverkäufen verbannen will. Aber auch in Deutschland steigt die Zahl übergewichtiger Kinder. Deshalb werden unter anderem Koch- und Backkurse angeboten. Dabei lernen die Kinder und Jugendlichen sich gesund zu ernähren, indem sie bewusst einkaufen und gleichzeitig frisch und ausgewogen kochen.

zu 2. 2 (2/-)

a) verbrauchen, zu sich nehmen = konsumieren
b) auf die Kochkunst bezogen = kulinarisch
c) Ausdauer, körperlicher Zustand = Kondition
d) Erzieher, Lehrer = Pädagoge

zu 3. Sprachbilder:

a) „der Kampf angesagt" 2 (1/1)

Im ursprünglichen Sinn bedeutet dieses Sprachbild, dass man seinem Gegner den bevorstehenden Kampf auf dem Schlachtfeld in einer Art Kriegserklärung ankündigt. Übertragen gemeint ist das Ankündigen eines Kampfes, der sich über die Ebene einer kriegerischen Auseinandersetzung erhebt. Damit kann auch ein Duell auf geistiger Ebene gemeint sein. Getötet oder verletzt kann man hierbei nicht werden.

Auch ich bin zu dick. Wenn ich nun meinem Übergewicht den Kampf ansage, heißt das, dass ich von nun an mit aller Gewalt und Energie abnehmen will. Dafür lohnt es sich zu kämpfen, denn auch gesundheitliche Faktoren sprechen für eine Gewichtsreduzierung.

b) „liegen ... schwer im Magen" 2 (1/1)

Wenn Speisen „schwer im Magen" liegen, sind sie schwer verdaulich. Im übertragenen Sinne bedeutet das, dass einem etwas Kummer bereitet und man mit einer Situation nur schwer fertig wird.

Die anstehende Abschlussarbeit in Mathematik liegt mir schwer im Magen, denn ich weiß nicht, was genau drankommt. Zudem bin ich in Mathe nicht so gut, was mir zusätzlich Kummer und Sorgen bereitet.

zu 4.

a) Überschrift: 2 (2/-)

Dramatische Gewichtszunahme bei Kindern aus Industrienationen

b) Erklärung mithilfe des Schaubildes: 2 (1/1)

Nicht nur in Großbritannien gibt es übergewichtige Kinder, auch bei anderen drei angeführten Nationen sind die Zahlen besorgniserregend hoch. In den USA und in Brasilien hat sich die Zahl der dicken Kinder wie in Großbritannien mehr als verdoppelt, nur Deutschland liegt etwas darunter. Bedenklich ist, dass dies in einem Zeitraum von rund 20 Jahren passiert ist.

zu 5. Mögliche Folgen des Übergewichts (körperliche und seelische Folgen): 2 (2/-)

1. Gelenkschmerzen
2. Verlust der Ausdauer
3. Einschränkungen in der Bewegung
4. Zielscheibe von Hänseleien (Verspottung)

D

Lösungsblatt
Fitness aus der Küche

zu 6. Erläuterung des Zitates: 4 (2/2)

Ich möchte im Folgenden das Zitat „Ernährungsexperten sind sich aber bewusst, dass nur ein allgemeiner Sinneswandel die Situation ändern kann" aus dem Textzusammenhang erklären.

Angesprochen sind alle – die „Dicken", die Eltern, die Pädagogen, die Ernährungsexperten, die Massenmedien, die Industrie – also die ganze Gesellschaft. Das Wort „Sinneswandel" bedeutet, dass sich unser Verhalten in Bezug auf die Ernährung grundlegend ändern muss. Wir müssen den Willen aufbringen, anders zu essen. Nicht mehr Süßes, Fettes und Fastfood, sondern leichte und kalorienreduzierte Schonkost ist gefragt. Abnehmen geht nicht von allein. Man muss äußerst konsequent sein, einen starken Willen aufbauen und sich auch noch sportlich betätigen, erst dann ist man erfolgreich, wenn es ums Abnehmen geht. Man sollte so lange essen, bis man keinen Hunger mehr hat, aber sich nicht bis obenhin „vollknallen". Voraussetzung ist allerdings auch, dass man weiß, wie Abnehmen funktioniert. Berichte in Magazinen, Erkundigungen in Sportstudios, aber auch Sendungen in den Massenmedien können dazu beitragen, Gewicht abzubauen. Kurz: Wo ein Wille, da ein Weg!

zu 7. Ratgeber: 8 (5/3)

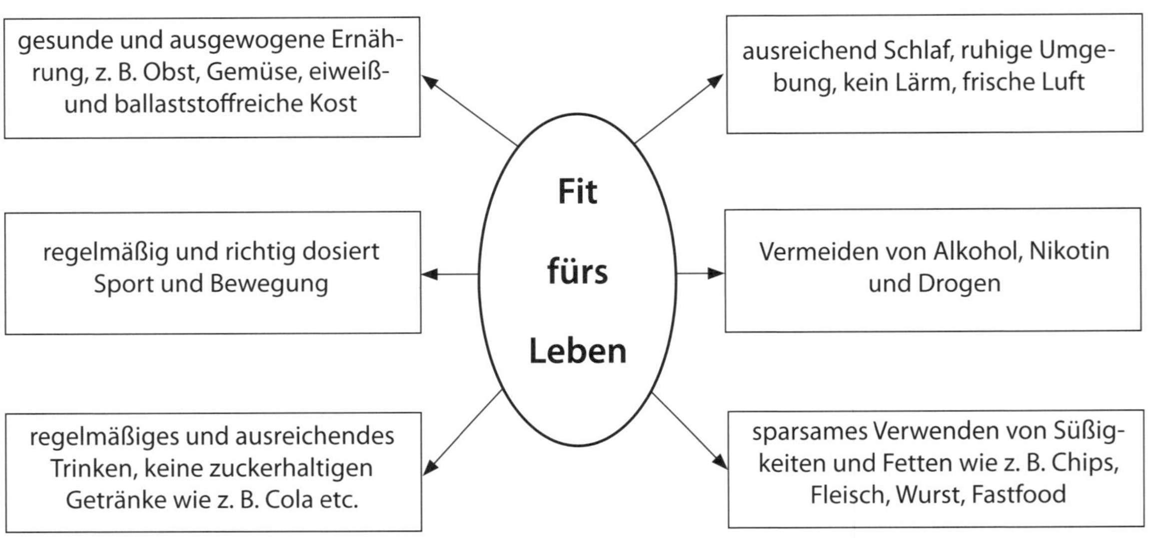

- Treffende Überschrift (Schlagzeile) mit Anrede = 0,5 Punkte
- Vier (oder mehr) Argumente in Form von Ratschlägen/Aufforderungen an jugendliche Leser mit Beleg und Beispiel = 4 Punkte
- Sprache = 3 Punkte
- Schlusssatz (mit Grußformel) = 0,5 Punkte

zu 8. Stellungnahme: Cluster: (anstelle einer ausformulierten Lösung) 6 (4/2)

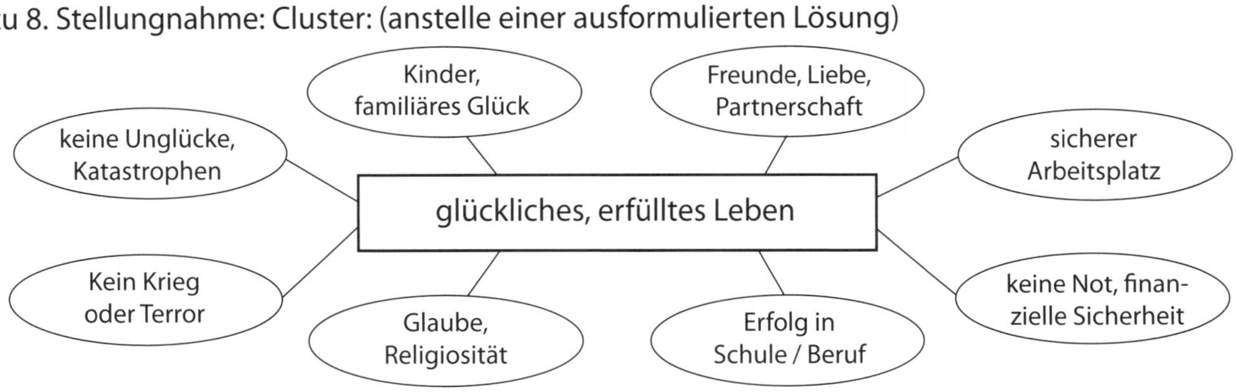

32

D	Name: ______________________	Datum: ______________	

Textblatt
Das Klingeln ist immer und überall
Mobiltelefonie

Das Handy ist 15 Jahre alt. Es ist von hohem Nutzwert, schafft Kommunikation und bringt Menschen zusammen, manchmal aber auch auseinander. Wirklich wichtige Menschen hatten früher nicht nur an dieser Bürde schwer zu tragen, sondern auch an dem Kasten, der ihre Bedeutung nach außen hin sichtbar machte: am „Porty", ihrem mobilen Telefon. Das waren 700 Gramm Statussymbol, die aussahen wie eine schwarze Schuhschachtel mit Henkel.

Jenes so zärtlich wie realistisch „Schleppi" getaufte Ding war vor 20 Jahren das erste „tragbare" Telefon. Der wahre Siegeszug der mobilen Kommunikation begann jedoch erst vor 15 Jahren, als am 30. Juni 1992 das digitale Mobilfunknetz von Mannesmann (heute Vodafone) und wenige später das der Telekom (T-Mobile) in Betrieb gingen. Seither ist alles ein bisschen anders.

Natürlich hat sich unser Leben verändert, denn rein statistisch gesehen entfällt auf jeden Bundesbürger eine Handy-Karte. Noch nie konnte sich eine technische Neuerung derart schnell durchsetzen wie das Mobiltelefon, auch wenn der große Durchbruch erst 1998 erfolgte. Die Geräte, die zum Start noch umgerechnet 1630 Euro kosteten, wurden von den Netzanbietern schließlich subventioniert und somit spottbillig. Die daraus folgende rasante Verbreitung konnte niemand vorhersehen. Selbst optimistische Experten hatten bis zur Jahrtausendwende „nur" mit bis zu 10 Millionen Handy-Nutzern gerechnet. In Wirklichkeit waren es im Juni 2000 schon 30 Millionen.

Eine wahrhaft demokratische Revolution, denn nun besteht die Möglichkeit, dass es jederzeit bei jedermann klingelt. Doch angesichts dieser Massenverbreitung kann die per Handy zur Schau gestellte Erreichbarkeit nicht länger als Ausweis von Wichtigkeit gelten, meint Helmut Gold, Direktor des Frankfurter Museums für Kommunikation. Im Gegenteil: Einer, der besonders unentbehrlich erscheinen wolle, wirke eher wie ein Angeber. Wer es sich leisten könne, zeige „Zeitsouveränität", indem er nicht mehr jedem Klingeln nachgebe. Das hat Umberto Eco schon 1993 so formuliert: „Der wahrhaft Mächtige ist der, der nicht gezwungen ist, jeden Anruf zu beantworten, im Gegenteil, er lässt sich – wie man so sagt – verleugnen. Wer also das Mobiltelefon vorzeigt, erklärt damit in Wirklichkeit allen seine verzweifelte Lage als Subalterner, der gezwungen ist, in Habachtstellung zu gehen, wann immer der Geschäftsführer anruft. Die Sozialforschung hat in diesem „Erreichbarkeitsdilemma" bereits gewisse „Stress-Potenziale" erkannt, denn das Handy kann auch zur Überwachung dienen. Wer auf Dienstreise für die Firma längere Zeit nicht zu sprechen ist, muss sich möglicherweise ebenso Fragen gefallen lassen wie der Ehepartner, der einfach sein Telefon abschaltet – weil er etwa gerade mit seinem „G'spusi" zugange ist? Und der liebe Nachwuchs läuft mit dem praktischen Gerät in der Tasche an der langen Leine der Eltern – aber wehe er geht nicht ran, wenn Mama und Papa einen Kontrollanruf für nötig halten. Wer permanent erreichbar ist, scheut sich im Ernstfall auch nicht, sein Privatleben mit anderen zu teilen, auch nicht, wenn die sich nun wirklich nicht für Liebesgeflüster interessieren, das in ein winziges Kästchen gesprochen wird. Dafür gab es das, was heute „Festnetzanschluss" heißt und entweder im Hausflur stand oder von einer Telefonzelle nach außen abgeschirmt wurde. Ob im Café, im Zug, im Bus, auf der Straße – jeder darf teilhaben am Besprechen der Einkaufsliste, an der Feierabendplanung, am Beziehungsstreit, an Klatsch und Tratsch. Das Private wird öffentlich.

Aber ist das denn ein Wunder in einer Zeit, in der über Talkshows alles in die Welt getragen wird: Streit, Versöhnung, Heiratsversprechen, Sex-Praktiken, Schulden, persönliches Elend. Die Lust daran, Intimes in aller Öffentlichkeit zu verhandeln, sei deshalb wohl nicht unbedingt handyspezifisch, mutmaßt Helmut Gold. Dass auch die eingesetzten Klingeltöne – beispielsweise diverse Körpergeräusche, Orgasmusstöhnen, Maschinengewehrfeuer, „betrunkene" Fliegen – etwas über die Persönlichkeit des Nutzers aussagen, sei hier nur am Rande erwähnt.

Ähnlich wie die Nichtraucherketten mehren sich mittlerweile die Aufkleber mit durchgestrichenen Handtelefonen in öffentlichen Bereichen. Werden die Handys bald ebenso verpönt sein wie der blaue Dunst? Sicherlich nicht, aber ein bisschen Entzug von der Telefon-Sucht könnte wohl nicht schaden.

Ronald Hinzpeter. Aus: Augsburger Allgemeine Zeitung

D Name: ____________________ Datum: ____________

Aufgabenblatt
Das Klingeln ist immer und überall

1. Erkläre einem technisch weniger versierten Menschen in wenigen Sätzen, was ein Handy ist. 2

2. Im Text findest du die folgenden sechs Begriffe als Fremdwörter. 3
   a) dauernd, ständig, anhaltend
   b) beweglich
   c) aus öffentlichen Mitteln unterstützen
   d) zuversichtlich, positiv eingestellt
   e) Zwangslage
   f) Untergeordneter, Unselbständiger
   Suche die passenden Fremdwörter heraus.

3. Erkläre die Bedeutung der beiden Redewendungen. 4
   a) Habachtstellung (Zeile 25)
   b) „... an der langen Leine ..." (Zeilen 30/31)

4. Schreibe in Stichpunkten sechs Vorteile auf, die das Handy bieten kann. 3

5. In öffentlichen Bereichen wie z. B. Krankenhäusern, Schulen und vielen Restaurants sind Handys entweder nicht gern gesehen oder sogar verboten. 5
   Schreibe einen Artikel für die Schülerzeitung, in welchem du darstellst, warum ein Handyverbot an deiner Schule sinnvoll ist.

6. Schildere aus deinem Erfahrungsbereich eine Situation, in der die Verwendung eines Handys unpassend wirkt. 5

7. Der Besitz eines Handys kann auch eine Menge Probleme und viele Gefahren mit sich bringen. Nimm dazu ausführlich Stellung. Die Grafik unten kann dir bei deiner Argumentation helfen. 10

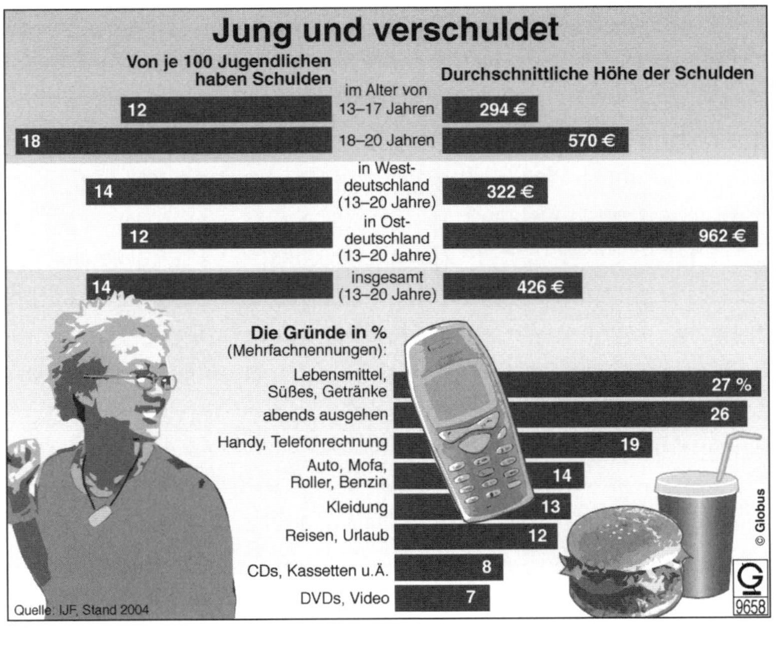

32

D

Lösungsblatt
Das Klingeln ist immer und überall

zu 1. Erklärung „Handy“: 2 (1/1)

Das Handy ist ein schnurloses Telefon. Mit ihm ist es möglich, von überall anzurufen. Natürlich kann man auch überall erreicht werden. Nur selten gibt es sogenannte „Funklöcher“, die die Verbindung stören oder gar unterbrechen.

zu 2. Fremdwörter: 3 (3/-)

a) dauernd, ständig, anhaltend = permanent
b) beweglich = mobil
c) aus öffentlichen Mitteln unterstützen = subventionieren
d) zuversichtlich, positiv eingestellt = optimistisch
e) Zwangslage = Dilemma
f) Untergeordneter, Unselbständiger = Subalterner

zu 3. Sprachbilder: 4 (2/2)

a) „Habachtstellung“
Im ursprünglichen Sinn kommt dieses Wort aus dem Österreichischen und bedeutet, dass man beim Militär in strammer Haltung stillstehen und zuhören muss, was einem gesagt wird. Für „Hab' acht“ kann man auch „Pass' auf“ sagen. Übertragen ist damit gemeint, dass ein Mensch sich auf ein Ereignis konzentriert und sich durch nichts ablenken lässt.

b) „an der langen Leine“
Einen Hund „an der langen Leine“ spazieren führen heißt, dass man ihm etwas mehr Auslauf und Freiraum als sonst gewährt. Auf den Menschen übertragen bedeutet dieses Sprachbild, dass man jemandem großen Freiraum gewährt. Man vertraut dieser Person und hofft, dass sie diese Freiheiten nicht schamlos ausnützt.

zu 4. Sechs Vorteile des Handys: 3 (3/-)

- Mobiles Telefonieren (gerade in Notfällen)
- Schreiben und Versenden von SMS
- Schießen und Versenden von Fotos
- Musik hören
- Spiele
- Internetzugang

zu 5. Handyverbot an der Schule: 5 (3/2)

Hallo, ihr Handy-Süchtigen,
jetzt wird's ernst. Ab nächste Woche ist das Einschalten von Handys an unserer Schule nicht mehr erlaubt. Nichts geht mehr mit Spielen auf dem Handy und Schreiben von SMS während des langweiligen Unterrichts. Schon gar nicht möglich ist das Telefonieren im Gang, im Pausehof oder auf der Toilette. Das Verbot ist schon zu verstehen. Wenn immer mehr Schüler ihr Handy während des Unterrichts wichtiger finden als den Lehrstoff, dann sagen wir: Schule ade! Wir haben im Juli die Abschlussprüfung zu absolvieren. Da hilft uns kein noch so modernes Handy, hier ist Wissen und Können gefragt. Der Grundstein dazu wird im Unterricht gelegt. Außerdem können eingeschaltete Handys durch ihre aggressiven, oft schwachsinnigen Klingeltöne nerven. Die Konzentration wird ständig gestört.
Der Rektor hat in einem Elternbrief angekündigt, dass ab Montag streng kontrolliert wird, ob Handys während des Schulbetriebes auch wirklich ausgeschaltet sind. Bei Verstößen wird das Handy grundsätzlich abgenommen und nur an die Eltern oder Erziehungsberechtigten zurückgegeben.

STACHEL-Redakteure: Harald + Sabrina (9a)

Lösungsblatt
Das Klingeln ist immer und überall

zu 6. Schilderung: 5 (3/2)

Es gibt Situationen, in denen die Verwendung eines Handys unpassend wirkt, z. B. im Konzert, im Kino, im Lesesaal, in einem Speiserestaurant oder im Unterricht.

Vor etwa zwei Wochen waren meine Eltern, meine Schwester und ich in einem wirklich noblen Restaurant essen. Große Lüster und Stuck an der Decke, Gemälde an den Wänden, fein gedeckte Tische und Kellner in Uniformen – wir waren begeistert. Ein junger Mann geleitete uns zu einem Tisch, den mein Vater hatte reservieren lassen. Nach Wahl der Vorspeise und des Hauptgerichts – bei den Preisen schaute ich meine Schwester etwas hilflos an – nahm am Nebentisch ein dicker Mann in schwarzem Anzug Platz. Er atmete etwas schwer, was mich bei seinem Leibesumfang nicht wunderte. Schon bald wurde unsere Vorspeise serviert. Gerade als wir andächtig unsere Spargelsuppe löffelten, schreckte uns ein lauter Handyton vom Nebentisch auf. Es klang wie eine Salve Maschinengewehrfeuer. Der Fettwanst meldete sich mit kräftiger Stimme und quasselte ununterbrochen in sein Handy. Ehe mein Vater, der schon im Begriff war, sich in Richtung des Sprechenden umzudrehen, etwas sagen konnte, eilte ein Herr in Schwarz, wahrscheinlich der Geschäftsführer, zum Tisch des Dicken und bat diesen höflich, aber sehr bestimmt, er möge sein Gespräch doch im Foyer fortsetzen, denn im Restaurant sei das Telefonieren per Handy nicht gestattet. Etwas überrascht erhob sich unser Tischnachbar und begab sich sprechenderweise nach draußen. Wir schüttelten nur unseren Kopf. Mein Vater meinte daraufhin, dass in so einem Rahmen ein Handygespräch nichts zu suchen habe.

zu 7. Stellungnahme: 10 (6/4)

Cluster: (anstelle einer ausgeschriebenen Lösung)

32

D	Name: ______________________________	Datum: __________________	

Textblatt
Ich brauche nur eine Pause

Es schellt. Alle setzen sich in Bewegung, in Richtung Klassenräume. Nur ich nicht. Ich gehe ins obere Stockwerk, zum Schulleiter. „Hey, Jonas", ruft mir einer nach, „du hast dich in der Richtung geirrt – hier geht's lang!" Alle lachen. Ich habe mich nicht geirrt. Und ich hab Glück: Ich brauche nur zehn Minuten zu warten, dann hat der Mann Zeit. Er tut cool, obwohl er erstaunt ist. Und vor allem neugierig. Er kennt meine Alten gut. Wer kennt sie nicht in unserer Stadt? Und schon sitz ich ihm gegenüber in seiner Besuchersitzecke und rede. Ich merke: Was ich von mir gebe, ist mager. Aber doch unmissverständlich. Satz 1: „Ich muss hier für eine Weile raus, sonst ersticke ich." Satz 2: „Ich brauche eine Pause zum Atemholen." Und Satz 3: „Aber ich komm wieder und mach weiter."

Gong. Dr. Körner starrt mich an, als ob ich gerade gesagt hätte, am Montag um elf fällt der Mond ins Mittelmeer. Dann lässt er sich von seiner Sekretärin meine Zeugnisse bringen.

Jetzt staune *ich*. Wozu braucht er sie? Er blättert, vergleicht, schiebt die Brille rauf und runter. Dann knurrt er ärgerlich: „Aber Sie haben eine Wiederholung dieses Schuljahres doch gar nicht nötig!" Ich werde etwas ausführlicher. Aber er löst den Blick nicht von den Zensuren. „Gewiss, in Chemie ein bisschen schwach..." Hört er mir denn nicht zu? Ich habe doch zu erklären versucht. – Ich beginne noch einmal. Noch ausführlicher. „Dieses Fach können Sie im nächsten Schuljahr abwählen", unterbricht er mich. „Und sonst sind Sie doch gut! Warum wollen Sie denn aufgeben!" Ich hol tief Luft, bleib ruhig, sprech zu ihm wie zu einem störrischen Kind: „Ich will nicht aufgeben. Ich brauch nur eine Pause."

Jetzt fragt der Mensch nach einem ärztlichen Attest. Als er hört, dass es sich nicht um einen Krankheitszustand handelt, der in den Kompetenzbereich eines Arztes gehört, fährt er hoch und blafft mich an: „So eine Unterbrechung der Schulzeit ohne konkrete Gründe ist doch völlig unüblich! Absolut unüblich!" „Unüblich ja", antworte ich. „Aber ist das ein Argument dagegen? Kolumbus' Amerikafahrt war auch unüblich." Dr. Körner schreitet gestikulierend hin und her: „In Ihrem Alter sollte man sich am Üblichen orientieren." Ich: „Was ich vorhabe, ist nicht illegal."

Er (nach Luft schnappend): „Aber überlegen Sie doch mal, was für ein Chaos in unserem Schulsystem entstünde, wenn Ihr Verhalten Nachahmer fände!" Ich staune: Der Mann gerät in Panik bei der Vorstellung, ein Teil seiner Oberstufenschüler könnte ein Sabbatjahr einlegen! Was denn meine Eltern dazu sagen, will er wissen. Ein ganzes Jahr so zu verplempern, noch dazu zwei Monate – nein, es sind ja nur noch eineinhalb! – vor dem Schuljahresende aufzuhören, wo doch schon die großen Ferien winken, in denen ich meinen Freiheitsgelüsten frönen könne ...

Ich werde laut: „Es muss *jetzt* sein! Ich hab's lange genug aufgestaut!" Er: „Aber Ihre Eltern – wie nehmen *die* das auf?" Ich (mit spöttisch herabgezogenem Mundwinkel): „Die wissen noch nichts davon." Er (mit aufgerissenen Augen): „Da kommen Sie also zu mir, ohne vorher mit Ihren Eltern gesprochen zu haben?" Ich: „Die sind bis zum Samstag auf einem Kongress." Er legt mir die Hand auf die Schulter und blubbert: „Da lege ich Ihnen nahe, erst mal abzuwarten, bis sie zurückkehren, und ihre Meinung einzuholen, bevor Sie eine unüberlegte – eine –"

„Ich bin volljährig!", unterbreche ich ihn schroff. Jetzt habe ich ihn verärgert. „Ich hoffe, Sie besinnen sich noch anders", knurrt er. „Wenn nicht, können Sie sich Ihr Abgangszeugnis in der nächsten Woche im Sekretariat abholen." Die Sekretärin weht mir noch einen Schwall von Veilchenduft entgegen, dann bin ich wieder draußen auf dem Gang. Ich komm mir vor wie einer, der vom Fünfmeterbrett gesprungen ist und nun aus der Wassertiefe wieder auftaucht. Kurz gesagt: ziemlich benommen.

Die alte Rößler kommt gerade vorbei. Die Rößler habe ich immer gemocht. Von ihr will ich mich unbedingt verabschieden. Das hat sie verdient. Noch ehe ich sie anspreche, bleibt sie stehen. „Ist was?", fragt sie besorgt. „Du bist so blass." Sie sagt immer noch „du", und ich hab nichts dagegen. Ich erkläre ihr meinen Entschluss. „Recht hast du", sagt sie und drückt mir lebhaft die Hand. „Endlich mal einer, der konsequent ist." Und dann hält sie mir eine Abschiedsrede. Dass es mir draußen zunächst schlecht gehen wird. Erst mal, bis ich mich an das Fressen und Gefressenwerden gewöhnt habe und die Spielregeln durchschaue. Aber dass ich nie aufgeben solle, auch nicht in scheinbar aussichtsloser Lage. „Renne zum Bahnsteig, auch wenn dein Zug längst abgefahren sein müsste. Es könnte ja sein, dass er Verspätung hat. Und noch was: Es gibt kaum eine Lage, die nicht noch schlimmer sein könnte." Ist ja gut, liebes Rößlein.

Aus: Gudrun Pausewang: Einfach abhauen, Zürich

D	Name: ______________________	Datum: ______________	

Aufgabenblatt
Ich brauche nur eine Pause

1. Fasse den Inhalt des Romanausschnitts in wenigen Sätzen zusammen.	4
2. „Dr. Körner starrt mich an, als ob ich gerade gesagt hätte, am Montag um elf fällt der Mond ins Mittelmeer." (Zeile 9)	
a) Was drückt die Autorin mit diesem sprachlichen Bild deiner Meinung nach aus?	2
b) Suche zwei weitere sprachliche Bilder aus dem Text.	2
3. Schulleiter Dr. Körner befürchtet ein Chaos, wenn Schüler ein Jahr Pause von der Schule machen würden. Formuliere drei Argumente, die seine Ansicht stützen.	3
4. Die Erwartungshaltung, die Erwachsene im Allgemeinen gegenüber Jugendlichen haben, macht Dr. Körner in einem prägnanten Satz deutlich. Zitiere diesen Satz.	1
5. Dr. Körner und Frau Rößler reagieren ganz unterschiedlich auf Jonas' Absichtserklärung. Charakterisiere die beiden Lehrkräfte auf Grund ihres Verhaltens.	4
6. Jonas schreibt einen Brief an seine Eltern, in dem er seine Gründe für die „Auszeit" darlegt und um Verständnis dafür bittet. Verfasse diesen Brief.	6
7. „In unserer Leistungsgesellschaft haben Träume keinen Platz." Stimmt diese Behauptung wirklich? Nimm kritisch Stellung.	10
	32

D

Lösungsblatt
Ich brauche nur eine Pause

zu 1. Zusammenfassung Romanausschnitt: 4 (2/2)

„Ich brauche nur eine Pause" ist ein kurzer Ausschnitt aus dem Roman „Einfach abhauen", den die Erfolgsautorin Gudrun Pausewang geschrieben hat und der 1996 in Zürich erschienen ist. In ihm geht es um das Aussteigen eines Schülers während des laufenden Schuljahres. Jonas, der Ich-Erzähler, ein 18-jähriger Oberstufenschüler, sitzt im Büro des Schulleiters Dr. Körner und will eineinhalb Monate vor Schuljahresende eine Pause einlegen. Der Direktor versteht zu Beginn nicht, meint, dass es sich um eine Krankheit handle, reagiert aber dann mit Unmut und Unverständnis auf diesen Wunsch, zumal der Schüler gute Zensuren aufweist, wie seine Zeugnisse beweisen. Selbst die Eltern von Jonas wissen noch nichts von dessen Entschluss. Am Montag könne er sein Abgangszeugnis abholen, meint Dr. Körner. Wieder auf dem Flur, trifft Jonas auf sein alte Lehrerin Rößler, die seinen Wunsch versteht und ihm noch allerlei gut gemeinte Tipps für seinen Ausstieg mit auf den Weg gibt.

zu 2. Sprachbilder: 4

a) „am Montag um elf fällt der Mond ins Mittelmeer": (1/1)

Die wörtliche Bedeutung gibt keinen Sinn, denn der Mond fällt nicht ins Mittelmeer. Und wenn damit der Untergang des Mondes unter die Horizontlinie gemeint ist, ist das auf jeden Fall um elf Uhr vormittags nicht möglich.

Diese Sinnlosigkeit kommt in dieser Redewendung zum Ausdruck. Der Direktor ist vollkommen baff und überrascht. So paradox dieses Sprachbild ist, so widersinnig kommt dem Schulleiter Jonas' Forderung vor, ihn aus dem laufenden Schuljahr ohne trifftigen Grund zu entlassen.

b) Zwei weitere sprachliche Bilder: (1/1)

- ein Schwall von Veilchenduft
- nach Luft schnappen

zu 3. Drei Argumente: 3 (3/-)

- Ein Großteil der Eltern würden gegen die Schule und ihre Aussteiger Sturm laufen.
- Der zusätzliche bürokratische Aufwand wäre kaum zu bewältigen.
  (Organisatorisch würde das in einem laufenden Schuljahr nicht zu bewältigen sein.)
- Die Position der Lehrer wäre gefährdet, wenn ein Teil der Schüler fehlen würde.
  (Klassen müssten aufgrund ihrer geringen Zahl zusammengelegt werden.)

zu 4. Zitat: 1 (1/-)

„In Ihrem Alter sollte man sich am Üblichen orientieren." (Zeilen 22/23)

zu 5. Charakteristik: 4 (2/2)

- Dr. Körner:
  Dr. Körner ist ein Mann der „alten Schule". Überaus korrekt, sich an das Übliche haltend, verkörpert er den Typ Lehrer, der im autokratischen Sinn Schule und Schüler führt und keinen Widerspruch duldet. Mit Logik, Schärfe und etwas Ungeduld versucht er seine Argumente zur Geltung zu bringen. Er weiß, wie weit er rechtlich gehen darf. Erreicht er seine Ziele nicht, wird er abweisend, mitunter ärgerlich.
- Frau Rößler:
  Sie ist die alte Dame, die von ihren Schülern gemocht wird. Sie kann es sich aufgrund des herzlichen Verhältnisses zu ihrenSchülern und ihrer liebevollen Art erlauben, selbst die Volljährigen noch zu duzen. Frau Rößler hat Verständis für die Belange der Heranwachsenden, auch wenn ihre Ratschläge etwas antiquiert und pathetisch sind.

Lösungsblatt
Ich brauche nur eine Pause

zu 6. Brief von Jonas an die Eltern: 6 (3/3)

Hallo Mam, hallo Paps,

wenn ihr den Brief lest, bin ich schon unterwegs Richtung Süden. Ich brauche eine Pause, ich brauche Abstand von der Schule und von euch. Mein Akku ist leer. Ich kann die Atmosphäre dieser Lernanstalt mit ihrem Geschrei, ihrem Gepetze und ihrer Unehrlichkeit nicht mehr ertragen. Und ihr? Ihr seid fast nie da, wenn ich euch brauche. Wann kann ich zu euch kommen und mit euch reden? Ihr habt doch gar keine Zeit für mich. Euer Geld macht mich nicht glücklich. Gestern habe ich meinen Entschluss Dr. Körner mitgeteilt, der absolut nicht erfreut war, aber nichts machen konnte. Gerade weil ich ein guter Schüler bin, konnte er meine Motive für die „Auszeit" nicht verstehen. Mein Abgangszeugnis liegt noch in der Schule. Ihr könnt es am Montag holen. Wenn nicht, auch egal. Wann ich wieder nach Hause komme, weiß ich nicht. Aber ich weiß, dass ich wieder zurückkomme. Und dann mache ich meine Schule fertig. Ihr habt jetzt etwas Zeit zu überlegen, ob sich an unserer Beziehung etwas ändern könnte, wenn ich wieder heimkomme.

Euer Sohn Jonas

zu 7. Stellungnahme: 10 (6/4)

Gliederung: (anstelle einer ausformulierten Lösung)

A. Einleitung:
- Definition „Leistungsgesellschaft"
- Rückblick („Leistungsgesellschaft" früher)
- Themafrage

B. Hauptteil:

I. Träume haben keinen Platz:
1. Schulischer Leistungsdruck
2. Wettbewerbssituation im Beruf – Stress
   a. Ständig steigende Anforderungen
   b. Konkurrenzkampf
   c. Angst um Verlust des Arbeitsplatzes
3. Leistungsdruck in der Familie
   a. Hektik (wenig Zeit)
   b. Statussymboldenken

II. Träume haben Platz:
1. Träume vom eigenen kleinen Glück
   a. Familie (Wohlstand, Kinder)
   b. Beruf (Erfolg)
2. Wunschträume vom großen Glück:
   a. Sagenhafter Reichtum
   b. Spitzenstellung im Beruf, Sport, Showgeschäft etc.
   c. Ruhm als Wissenschaftler, Erfinder etc.
3. Existenzielle Träume:
   a. Intakte Umwelt
   b. Frieden

C. Schluss:
- Beantwortung der Themafrage
- Eigener Traum
- Ausblick in die Zukunft

32

D	Name: ______________________	Datum: ______________	

Textblatt
So laut wie ein Düsenjet im Tiefflug

Lang anhaltender Lärm belastet den ganzen Körper. Eine Studie des Umweltbundesamtes bestätigt: Über 80 Prozent der Deutschen fühlen sich durch Lärm belästigt. Noch ist längst nicht ausreichend erforscht, was Lärm im Körper alles bewirken kann. Klar ist, dass Lärm nicht nur das Gehör schädigt, sondern auf Dauer den gesamten Organismus belastet.

Erstmals wurde dazu jetzt vom Umweltbundesamt eine Langzeitstudie publiziert. Dabei werden die verkehrsbezogenen Lärmquellen wie Straßen-, Flug- und Schienenverkehr, Freizeitlärmquellen wie laute Musik in Diskotheken, bei Konzerten und beim Hören mit Kopfhörer sowie lautes Kinderspielzeug besonders analysiert. Es wurden Lärmmessungen zu unterschiedlichen Tages- und Nachtzeiten durchgeführt. Dabei zeigte sich, dass auf Dauer nicht nur das Herz-Kreislauf-System, sondern auch das Immunsystem durch Lärm geschwächt wird. Die Studie zeigt weiter, dass Asthma, Krebserkrankungen oder erhöhte Blutfettwerte die Folgen von Lärm sein können. Allerdings sind die statistischen Kriterien noch nicht ausreichend, um die Entstehung dieser Erkrankungen mit Sicherheit auf den Lärm zurückführen zu können.

Am eindeutigsten konnte die Langzeitstudie den Zusammenhang zwischen Verkehrslärm und Bluthochdruck nachweisen. Ein dauerhafter Lärmpegel um 55 Dezibel, das entspricht dem Niveau einer normalen Unterhaltung, reicht anscheinend schon aus, um krank zu machen. Der Studie zufolge sind Menschen, die nachts vor ihrem Schlafzimmerfenster einem mittleren Schallpegel von 55 Dezibel oder mehr ausgesetzt waren, doppelt so häufig wegen Bluthochdrucks in Behandlung als diejenigen, bei denen der Pegel unter 50 Dezibel lag. Allerdings laufen die Schädigungen schleichend und über viele Jahre hinweg ab. Zusammenhänge mit anderen Krankheiten, zum Beispiel erhöhte Blutfette oder Migräne, deuteten sich ebenfalls an, konnten statistisch jedoch noch nicht gesichert werden

An der Berliner Charité, am Institut für Sozialmedizin, wird derzeit eine Studie zum Thema Lärm und Herzinfarktrisiko ausgewertet. 4000 Herzinfarktpatienten wurden zu ihrer Lärmbelastung und anderen Risikofaktoren befragt. Die Angaben der Patienten wurden mit Lärmmessungen in deren Lebensumfeld verglichen. Die Auswertungen zeigten, dass das Herzinfarktrisiko bei Frauen um etwa 50 Prozent erhöht war, wenn sie zu Hause Lärm ausgesetzt waren. Bei den untersuchten Männern erhöhte sich das Infarktrisiko nicht, wenn die Lärmbelastung zu Hause stattfand. Allerdings stieg bei ihnen das Risiko deutlich an, wenn am Arbeitsplatz eine Lärmbelastung vorlag.

Vor allem die Diskotheken sind zu laut in Deutschland. Den gesundheitsschädlichen Lärm wollen die Bundesländer drosseln. Wenn es nach den Gesundheitsministern von Bayern und Baden-Württemberg geht, wird bei der Zusammenkunft der Länderminister am Mittwoch in Ulm eine Arbeitsgruppe eingesetzt, die Grundlagen für eine gesetzliche Regelung zusammenträgt. Denn während bislang europaweit beispielsweise MP3-Player nicht lauter als 100 Dezibel sein dürfen, fehlen für den Discobetrieb entsprechende Vorgaben. „Es geht uns nicht darum, auf die Spaßbremse zu treten", sagt ein Sprecher des bayerischen Gesundheitsministeriums. 20 Discos wurden in Bayern überprüft, ob sie die 100-Dezibel-Grenze überschreiten. 16 davon lagen zum Teil deutlich darüber. Der „Spitzenreiter" spielte Musik mit einer Lautstärke von bis zu 127 Dezibel ab. „Das ist so laut wie ein Düsenjet im Tiefflug", meinte ein Sprecher des Gesundheitsministeriums.

Das Ergebnis verschiedener Studien sei aber alarmierend: Die Eingangsuntersuchungen der Bundeswehr belegten beispielsweise, dass immer mehr Menschen bereits in jungen Jahren irreparable Hörschäden hätten. Drei von zehn Menschen unter 24 Jahren würden bereits schlecht hören. Auch werde nach Krankenkassenberichten bei Jüngeren inzwischen das Drei- bis Vierfache an Hörgeräten verordnet als noch vor wenigen Jahren. „Die Zahlen steigen sprunghaft", so der Ministeriumssprecher.

Nach: Planet-wissen © WDR/SWR/BR-alpha
und © Augsburger Allgemeine Zeitung

D	Name: ______________________	Datum: ______________	

Aufgabenblatt
So laut wie ein Düsenjet im Tiefflug

1. Suche zu jedem der sechs Abschnitte eine geeignete Überschrift. 3

2. Im Text werden verschiedene Lärmquellen aufgeführt. Finde zu diesen Lärmquellen drei Überbegriffe heraus. 3

3. Folgende Fremdwörter kommen im Text vor. Welche deutsche Bedeutung haben sie? 2
   a) irreparabel
   b) Organismus
   c) Kriterien
   d) immun

4. Die Menschen werden immer lauter und „verlärmen" ihre Freizeit. 4
   Beschreibe zwei Situationen, auf die diese Feststellung zutrifft.

5. Ab 130 Dezibel kann Lärm tödlich sein. 6
   Schreibe einen Artikel für die Schülerzeitung, in welchem du die Gefahren des Lärms deutlich herausstellst. Finde eine aussagekräftige Überschrift.
   Aus den Grafiken unten kannst du wichtige Informationen entnehmen.

4

6. „Lärm" wird unterschiedlich bewertet. Erläutere kurz anhand von zwei Beispielen, wie gleicher „Lärm" einmal als angenehm, ein andermal als störend empfunden werden kann.

7. Lärm lässt sich oft vermeiden. 10
   Nimm dazu ausführlich Stellung.
   Finde zu dieser Aussage schlagkräftige Argumente.

32

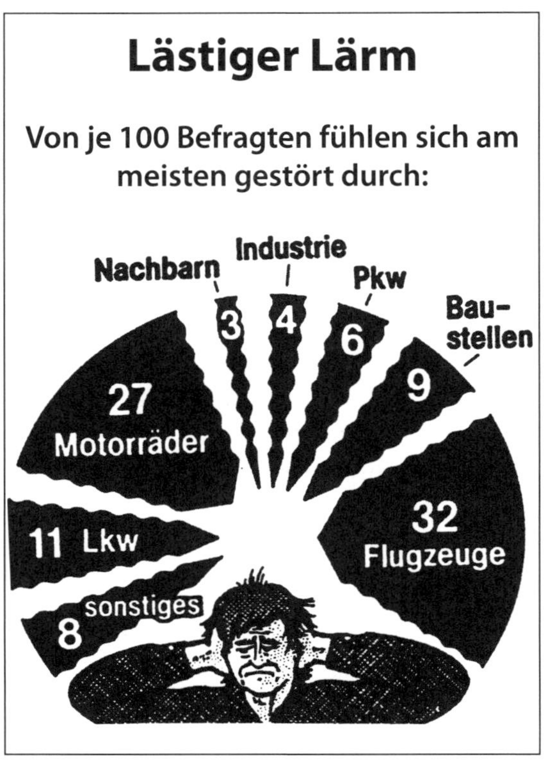

D

Lösungsblatt
So laut wie ein Düsenjet im Tiefflug

zu 1. Sechs Überschriften: 3 (3/-)

a) Studie des Umweltamtes: Lärm belastet den Organismus
b) Langzeitstudie über Lärmquellen und ihre Auswirkungen
c) Zusammenhang zwischen Lärm und Bluthochdruck
d) Lärm und Herzinfarktrisiko
e) Gesundheitsschädigender Lärm in Discos
f) Alarmierend: Hörschäden auch schon bei der jüngeren Generation

zu 2. Drei Überbegriffe zu Lärmquellen: 3 (3/-)

- Verkehrslärm
- Freizeitlärm
- Berufslärm

zu 3. Fremdwörter: 2 (2/-)

a) irreparabel = nicht wiederherstellbar, nicht zu reparieren, nicht heilbar
b) Organismus = Lebewesen; einheitliches, gegliedertes Ganzes, Gefüge
c) Kriterien = Kennzeichen, unterschiedliche Merkmale
d) immun = unempfindlich; rechtlich unantastbar

zu 4. „Verlärmen" der Freizeit: 4 (2/2)

Das Wort „verlärmen" bedeutet, dass viele Menschen ihre Zeit mit Lärm „füllen". Partys, Bierzeltbesuche, Feste und Feten, Rockkonzerte, Shoppen in verkehrsüberfluteten Stadtzentren, Fußballspiele in gefüllten Stadien – die Beispiele ließen sich fortsetzen.
Vor allem Jugendliche sind in dieser Hinsicht gefährdet. Sie strömen an mehreren Tagen in der Woche in Diskotheken und setzen sich Lärmpegeln aus, die mitunter extrem gesundheitsgefährdend sind. Eine Unterhaltung ist hier kaum möglich, man muss sich anbrüllen, um etwas mitzuteilen.
Stille ist etwas, was Kinder und Jugendliche nicht mehr kennen und zu schätzen wissen. Man fühlt sich unwohl, wenn's ruhig ist und man dadurch zum Nachdenken kommt. Es muss was „los" sein. Kommt nichts von außen, setzt man sich die „Muscheln" ins Ohr und hört – oft viel zu laut – die brandneuen Hits der Pop- und Rockszene. Dafür gibt es Walkman, Handy, MP3-Player u. a., die als mobile Geräte auch im letzten Winkel in dir drinnen für Lärm sorgen können.

zu 5. Artikel Schülerzeitung 6 (3/3)

Lärm kann töten!
Stell' dir vor, du gehst in die Disco, fällst um und bist tot! Unsinn!, werdet ihr sagen, sowas gibt's nicht. Oh doch! Du solltest wissen, dass ab 130 Dezibel Lärmpegel Lärm töten kann. In einigen Discos ist man verdammt nah dran an dieser Grenze.
Immer wieder wird der Faktor „Lärm" unterschätzt, wenn es um die Gesundheit geht. Ihr solltet wissen, dass schon das Ticken eines Weckers Schlafstörungen und eine normal geführte Unterhaltung Lern- und Konzentrationsstörungen hervorrufen können. Ab 55 Dezibel wird es laut. Straßenlärm, Rasenmäher- und Mopedgeräusche erhöhen das Risiko für Herz- und Kreislauferkrankungen. Ab 95 Dezibel wird's dann unerträglich laut. Wenn ihr euer Mofa „manipuliert", seid ihr in diesem Bereich. Rock- und Discomusik erreichen Lärmpegel über 115 Dezibel und überschreiten damit die Schmerzgrenze. Schon nach kurzer Einwirkung sind Gehörschäden möglich. Untersuchungen haben bewiesen, dass immer mehr junge Leute schwerhörig werden. Wollt ihr jetzt schon ein Hörgerät? Wenn nein, dann doch lieber mal überlegen, ob sich ein Besuch in Discos lohnt, die einen nur zudröhnen.

D

Lösungsblatt
So laut wie ein Düsenjet im Tiefflug

zu 5. (Fortsetzung)

Und noch was: Lasst die Finger, besser die Ohren von Kopfhörern, die euch mit zu lauter Musik beschallen. Wir hören doch gar nicht laut, werdet ihr einwenden. Oh doch! Viel zu laut! Untersuchung der Zeitschrift „Stereo“ haben ergeben, dass im Durchschnitt über den Kopfhörer um die Hälfte lauter gehört wird, wie es das Ohr vertragen kann. Bedenklich, wie schnell man sich da sein Gehör ruinieren kann. Passt endlich auf und schont eure Ohren!

Redaktion STACHEL: Franz M. (9b)

zu 6. Unterschiedliche Bewertung von „Lärm“: 4 (2/2)

„Lärm“ wird oft unterschiedlich bewertet.

Während der Motorradfahrer sich am kraftvollen Sound seiner Harley-Davidson erfreut und richtig Gas gibt, um den „Kick“ der Beschleunigung zu spüren, schüttelt der Fußgänger am Straßenrand nur den Kopf oder schimpft über die rücksichtslosen Rocker.

Kirchenglocken stimmen den Kirchgänger am Sonntag froh und rufen ihn zum festlichen Gottesdienst. Dagegen hält sich der Sonntagsschläfer das Kopfkissen über die Ohren und verwünscht die Glocken auf den Grund des Sees, weil er sich im sanften Schlaf gestört fühlt.

zu 7. Stellungnahme: 10 (6/4)

Cluster: (anstelle einer ausformulierten Lösung)

32

D | Name: ______________________ | Datum: ______________

Textblatt
Flatrate für den Vollsuff

Saufen bis der Arzt kommt – der Trend nimmt unter Jugendlichen in ganz Deutschland deutlich zu, bestätigen Experten. Die Berliner Sozialsenatorin Heidi Knake-Werner äußerte sich kürzlich besorgt über eine „relativ kleine Gruppe von Jugendlichen", die das „Kampftrinken und Komasaufen" als eine Art Sport betreibe. „Es scheint so zu sein, dass die Gesellschaft immer süchtiger wird", sagte Rolf Hüllinghorst, Geschäftsführer der Deutschen Hauptstelle für Suchtfragen (DHS) der „Neuen Osnabrücker Zeitung". „Das, was man tut, tut man bis zum Umfallen."

Letztes Jahr wurden 274 Kinder und Jugendliche wegen „akuten Rausches" stationär behandelt. Im Jahr 2000 waren es 156 Betroffene. Dazu passt auch der Fall eines 16-jährigen Berliners. Der Jugendliche hatte binnen kurzer Zeit 40 Gläser Tequila getrunken. Rund zwei Wochen lag er im Koma, ehe er schließlich an den Folgen einer Alkoholvergiftung starb. „Diese Dosis ist fast immer tödlich", meinte Fritz Pragst, Toxikologe am Institut für Rechtsmedizin der Berliner Charité.

Dem Trend Vorschub leisten die derzeit in Diskotheken angesagten „All you can drink"-Partys zu besonders günstigen Pauschalpreisen. Die Jugendlichen haben bei diesen speziellen Angeboten die Möglichkeit, sich für wenig Geld mit so viel Hochprozentigem zu betrinken, wie sie aushalten. Bekannt sind solche Veranstaltungen auch unter dem Namen Flatrate-Party – analog zum Internet-Anschluss, bei dem der Kunde permanent herunterladen kann.

„Es wird zwar insgesamt weniger getrunken, aber wenige konsumieren dafür umso mehr", sagte ein Sprecher der Bundesdrogenbeauftragten und bescheinigt den betroffenen Jugendlichen, die zum Teil regelrechte „Gelagetrinken" betrieben, ein „zu lockeres, unkritisches Verhältnis" zum Alkohol. Eine Studie des UNO-Kinderhilfswerks UNICEF besagt, dass im Vergleich von 21 Industrienationen nur die britischen Kinder mehr Alkohol trinken als die deutschen.

Die Gründe sind vielschichtig. Eine wichtige Rolle spielt sicherlich die Werbung, die Alkohol als Genussmittel verklärt. Dem Rausch- und Nervengift fallen nach ihren Angaben jährlich allein in Deutschland rund 40 000 Menschen zum Opfer. Die Alkoholindustrie sucht immer neue Absatzmärkte und hat sowohl bei der Werbung als auch mit neuen Produkten, die auch Kinder mögen, die junge Zielgruppe klar im Visier. Deshalb wird die Forderung an die Adresse der Politiker, die Werbung für Alkohol zu verbieten und die Alterskontrollen beim Verkauf an Jugendliche zu verstärken, immer lauter.

Ein weiteres Problem ist, dass gerade in Deutschland der Alkoholkonsum fest in der Tradition des Landes verwurzelt ist. Wein und Bier gelten bei uns als Kulturgut, das sogar in Form von Steuerbegünstigung subventioniert wird. Bei Jugendlichen führt das positive Image von Alkohol auch dazu, dass Trinkfestigkeit als erstrebenswerte Eigenschaft und vermeintliches Zeichen der Reife gilt.

„Das Komasaufen ist eine beunruhigende Entwicklung", sagte der drogenpolitische Sprecher der Grünen im Bundestag, Harald Terpe, der „Berliner Zeitung". Verschiedene Berliner Landespolitiker hatten sich für ein Verbot des Flatrate-Trinkens ausgesprochen, bei dem Kunden – auch Jugendliche über 16 Jahren – nach Zahlung eines Einmalbetrags so viel trinken dürfen, wie sie wollen. Oder können. In diesem Zusammenhang ist es interessant, zu welchen Getränken jugendliche Trinker greifen. Rein statistisch gesehen zeichnet sich hier eine überraschende Dominanz harter, süßer Alkoholika ab. Hierzu zitiert das Deutsche Kinderhilfswerk eine Befragung aus dem letzten Jahr über den Konsum bei 12- bis 17-Jährigen: Bier 30 %, Longdrinks oder Cocktails 24 %, Alkopops 22 %, Wein / Sekt 12 % und Spirituosen 12 %.

Zwar sind Alkopops inzwischen mit zusätzlichen Steuern belegt worden, um sie für Jugendliche unattraktiver zu machen. Doch nach wie vor gelten süße Getränke, in denen man den Alkohol nur schwach schmeckt, als potente Einstiegsrauschmittel. Mittlerweile mischen sich Jugendliche vergleichbare Getränke einfach selbst. „Mit den Alkopops hat uns die Industrie ein großes Problem hinterlassen", sagt die Berliner Drogenbeauftragte Köhler-Azara.

Nach: Spiegel-Online. stx/AP/ddp/rtr

D Name: ____________________ Datum: ____________________

Aufgabenblatt
Flatrate für den Vollsuff

1. Finde zu jedem der acht Abschnitt eine passende und kurze Überschrift. 4

2. Folgende Begriffe kommen im Text als Fremdwörter vor. 3
   a) Entwicklung, Neigung
   b) dauernd, ständig, anhaltend, ununterbrochen
   c) Überlieferung; Herkommen, Brauch
   d) Vorstellung von einer Persönlichkeit, Firma usw.; Charakterbild
   e) ähnlich, entsprechend
   f) Vorherrschaft; Übergewicht, Macht
   Suche im Text die passenden Fremdwörter und ordne sie entsprechend zu.

3. Welche Überschrift würdest du der Grafik unten geben? 1

4. Im Text werden drei Gründe für den Alkoholkonsum genannt. 3
   Führe diese stichpunktartig an.

5. Beschreibe in jeweils einem Satz, was auf den beiden Bildern der Textseite zu sehen ist. 1

6. Du siehst bei einem Discobesuch, wie sich ein Jugendlicher hemmungslos betrinkt. 4
   Welche Gedanken gehen dir durch den Kopf, während du diese Situation beobachtest.
   Schreibe deine Gedanken in Form eines inneren Monologs auf.

7. Im Artikel taucht die Redensart „... klar im Visier haben" (Zeilen 27/28) auf. 2
   Erkläre diese Redewendung an einem selbst gewählten Beispiel.

8. Viele Jugendliche betreiben das sogenannte „Komasaufen" als eine Art Sport, in der die 6
   Gesundheit zu Markte getragen wird.
   Finde drei weitere Beispiele aus anderen Lebensbereichen, in denen Jugendliche wenig oder gar nicht auf ihre Gesundheit achten.

9. Jugendalkoholismus - die neue Sucht. 8
   Das hat Folgen für den Einzelnen und die Gesellschaft.
   Nimm dazu ausführlich Stellung.

32

D

Lösungsblatt
Flatrate für den Vollsuff

zu 1. Acht Überschriften: — 4 (4/-)

a) Saufen als Trend unter Jugendlichen nimmt zu
b) 16-Jähriger stirbt an Alkoholvergiftung
c) Flatrate-Partys in Diskotheken
d) Jugendliche haben unkritisches Verhältnis zum Alkohol
e) Werbung als Ursache für den Alkoholkonsum
f) Traditionsdenken als Ursache für den Alkoholkonsum
g) Forderung nach Verbot des Flatrate-Trinkens
h) Alkopops als Einstiegsrauschmittel

zu 2. Fremdwörter: — 3 (3/-)

a) Entwicklung, Neigung = Trend
b) dauernd, ständig, anhaltend, ununterbrochen = permanent
c) Überlieferung; Herkommen, Brauch = Tradition
d) Vorstellung von einer Persönlichkeit, Firma usw., Charakterbild = Image
e) ähnlich, entsprechend = analog
f) Vorherrschaft; Übergewicht, Macht = Dominanz

zu 3. Überschrift Grafik: — 1 (1/-)

Originalüberschrift: Der Pegel steigt
Alkohol auf dem Vormarsch; Vollsuff hat Hochkonjunktur etc.

zu 4. Drei Gründe für den Alkoholkonsum: — 3 (3/-)

- Werbung verklärt Alkohol als Genussmittel
- Tradition (Bier und Wein als Kulturgut des Landes)
- Trinkfestigkeit als erstrebenswerte Eigenschaft und vermeintliches Zeichen der Reife

zu 5. Sätze zu den zwei Bildern: — 2 (1/1)

- Ein Mann liegt neben einem Maßkrug volltrunken am Boden.
- Soldaten füllen einen Kameraden, der eine Gasmaske auf hat, mit Bier ab.

zu 6. Innerer Monolog: — 5 (3/2)

Wenn ich rüberschaue, wie der sich zusäuft, dann wird's mir schlecht. Die lustige Phase hat er anscheinend schon hinter sich, denn er pöbelt reihum Leute an, die aber diesen Idioten links liegen lassen. Später wird er sich qualvoll übergeben müssen, ehe er unter dem Tisch seinen Rausch ausschlafen wird. Toll vor allem für seine Freundin, die immer wieder auf ihn einredet. Soll ich rübergehen und ihr helfen, ihren Freund vom Saufen abzuhalten? Ich weiß nicht, ob sie will, dass sich da ein Fremder einmischt. Wie es ist, wenn man sich betrinkt, kann ich aus eigener Erfahrung sagen. Mir ist das aber nur einmal passiert. Mir ging's an jenem Abend so miserabel, dass ich glaubte, sterben zu müssen. Was empfinden diese jungen Leute, wenn sie sturzbetrunken sind? Jeder Rausch tut doch hinterher höllisch weh! Und es sterben Hunderttausende von Gehirnzellen ab. Man kann sich wirklich blöd saufen! Mir tut nur das Mädchen da drüben leid. Meine Freundin ist froh, dass ich nichts Alkoholisches trinke, vor allem dann nicht, wenn wir mit dem Auto unterwegs sind.

zu 7. Redensart „klar im Visier haben": — 2 (1/1)

Diese Redensart stammt aus dem Mittelalter, aus der Sprache der Ritter. Das Visier ist ein beweglicher, das Gesicht schützender Teil des Helmes. Lässt ein Ritter das Visier herab, kann der Kopf von Lanzenstößen und Schwerthieben des Gegners kaum verletzt werden.

D

Lösungsblatt
Flatrate für den Vollsuff

zu 7. (Fortsetzung)
Im übertragenen, modernen Sinn wird das Wort „Visier" für die Zielvorrichtung einer Feuerwaffe verwendet. Wenn man etwas klar im Visier hat, hat man sein Ziel vor Augen, das man ansteuern oder treffen will. Das kann ein Mensch, z. B. ein schönes Mädchen, zu dem man gerne Kontakt hätte, oder eine Sache, z. B. das Erreichen einer guten Note in Deutsch sein.

zu 8. Drei Beispiele, bei denen Jugendliche nicht auf ihre Gesundheit achten: 6 (3/3)
- Raserei im Straßenverkehr
- Rauchen / Drogen
- Extremsportarten
- Diskothekenlärm
- Einseitige und zu reichhaltige Ernährung / Magersucht
- Aids

zu 9. Stellungnahme: 8
Gliederung: (anstelle einer ausformulierten Lösung) (4/4)

A. Einleitung:
- Aktuelles (16-Jähriger stirbt nach Komasaufen)
- Gründe für den zunehmenden Alkoholkonsum bei Jugendlichen
- Themafrage

B. Hauptteil:
I. Folgen für den Einzelnen:
1. Körperliche (physische) Schäden:
a. Leberzirrhose (Trinkerleber)
b. Nervenentzündungen (Zittern der Hände)
c. Magengeschwüre
2. Seelische (psychische) Schäden:
a. Totale Abhängigkeit (Sucht)
b. Entzugserscheinungen (Delirium tremens)
3. Soziale Probleme:
a. Verlust des Arbeitsplatzes
b. Scheitern der Ehe
c. Landen in der Gosse
II. Folgen für die Gesellschaft:
1. Probleme für die Familie
a. Rufschädigung
b. Finanzielle Belastung
2. Probleme für die Polizei
a. Verkehrsdelikte
b. Kriminalität
3. Hoher Kostenfaktor für die Krankenkassen (Entziehungskuren in Sanatorien)
4. Finanzielle Belastung für die Staatskasse (Sozialhilfe, Resozialisierungsmaßnahmen)

C. Schluss:
- Mögliche Gegenmaßnahmen (schärfere Gesetze etc.)
- Eigene Meinung

32

D Name: ______________________ Datum: ______________

Textblatt
Hilfe zum Nulltarif

Es sind die kleinen und großen Probleme des Alltags, der erste Liebeskummer oder die Krise mit der besten Freundin, die junge Menschen dazu bewegen, die kostenlose Rufnummer des Kinder- und Jugendtelefons anzuwählen.

Im Bereich der Bundesarbeitsgemeinschaft Kinder- und Jugendtelefon e. V. wurden im vergangenen Jahr rund 180 000 Gespräche geführt. Ein großer Vorteil dieser Art der anonymen Konfliktbewältigung ist die Neutralität der Beraterinnen und Berater. Wenn junge Leute mit ihnen über ihren Kummer sprechen, müssen sie garantiert keine spitzen Bemerkungen oder gar negative Folgen befürchten.

Bei vielen Kindern und Jugendlichen stellt sich allerdings auch heraus, dass sie einfach niemanden haben, dem sie ihr Herz ausschütten können. Sinn der Gespräche soll vor allem die Hilfe zur Selbsthilfe sein. Die Sorgentelefone verstehen sich als erste Anlaufstelle, bei der ein „Krisenplan“ zur Überwindung der Probleme entwickelt wird.

Nach den alltäglichen Beobachtungen der Leiterin des Kinderschutzbundes Köln plagen die jungen Anrufer und Anruferinnen meistens Liebes- und Beziehungsprobleme. Aber häufig geht es auch um Schulsorgen. Zu großer Leistungsdruck oder mangelnde Integration in der Klasse macht die Schule für manches Kind zur Qual. Viele rufen auch an, weil sie Selbstzweifel oder Fragen über Sexualität haben.

Der Löwenanteil der Ratsuchenden ist zwischen 11 und 16 Jahre alt. Je älter die Ratsuchenden sind, desto offener werden schwerwiegende Probleme besprochen. Jüngere dagegen sind gehemmter und sagen es nicht direkt, wenn sie zum Beispiel geschlagen werden. Sie stehen oft in einem Zwiespalt. Einerseits fühlen sie sich ihrer Familie verpflichtet und verbunden, andererseits leiden sie häufig unter den familiären Bedingungen. Sie rufen an und erzählen beispielsweise von Einsamkeit, und es bedarf eines längeren Gesprächs, um die wirklichen Ursachen für die Not des Kindes herauszufinden. Dass sich die Sorgen der jungen Leute im Lauf der Zeit geändert hätten, können die Mitarbeiterinnen des Sorgentelefons nicht beobachten. Allerdings fällt es den Jugendlichen heute leichter, auch heikle Themen wie z. B. sexuellen Missbrauch offen anzusprechen, da in den Medien häufiger darüber berichtet wird. Bei Mädchen stößt das Kinder- und Jugendtelefon auf breitere Akzeptanz als bei den Jungen. Fast 80 Prozent der Anrufe kommen von Mädchen, bei denen offenbar mehr Bereitschaft besteht, die eigenen Schwierigkeiten aktiv anzugehen.

Die über 1600 ehrenamtlichen Mitarbeiter an den Telefonapparaten werden durch Schulungen gründlich auf ihre Aufgaben vorbereitet. Über die Hälfte der meist weiblichen Mitarbeiter sind auch hauptberuflich im sozialen oder psychologischen Bereich tätig. Und trotzdem gibt es immer mal Momente, in denen sie überfordert sind. Besondere Belastungen entstehen zum Beispiel, wenn junge Anruferinnen oder Anrufer ihren Selbstmord ankündigen. Die Verantwortung, das Richtige zu sagen und zu raten, steigt dann immens.

Mittlerweile besteht für die Bundesrepublik ein flächendeckendes Netz von Kinder- und Jugendtelefonen. Egal von wo – egal wie lang: Hier kann sich jeder Jugendliche zum Nulltarif Rat und Hilfe holen.

Nach: Donaukurier

D	Name: ______________________	Datum: ______________	

Aufgabenblatt
Hilfe zum Nulltarif

1. Viele Jugendliche wenden sich mit ihren Problemen an die Mitarbeiter des Kinder- und Jugendtelefons. Schreibe stichpunktartig vier dieser Probleme aus dem Text heraus. 2

2. Folgende Begriffe kommen im Text als Fremdwörter vor: 4
   a) Eingliederung
   b) ohne Namensangabe
   c) unermesslich
   d) Bereitschaft, etwas anzunehmen
   Suche im Text die passenden Fremdwörter und ordne sie entsprechend zu.

3. Der Autor verwendet folgende bildhafte Redewendungen:
   a) jemandem sein Herz ausschütten (Zeile 10) 2
   b) der Löwenanteil (Zeile 19) 2
   Erkläre diese Ausdrücke mit anderen Worten an je einem selbst gewählten Beispiel.

4. Manche junge Menschen fühlen sich mit ihren Sorgen bei einem anonymen Berater gut aufgehoben.
   a) Begründe mithilfe des Textes, warum dies der Fall ist. 2
   b) Erzähle von einer Situation, in der gerade ein anonymer Berater wertvolle Hilfe leisten könnte. 4

5. Besonders während der Pubertät zweifeln Jugendliche oft an sich selbst und sind unsicher. Nenne einen möglichen Grund hierfür und formuliere dazu Gedanken, die dir durch den Kopf gehen könnten. Schreibe in der Ich-Form. 5

6. Ein persönliches Gespräch mit einer echten Bezugsperson hilft manchem Jugendlichen mehr als das Sorgentelefon. 5
   Beschreibe, wie ein Gesprächspartner sein bzw. sich verhalten sollte, damit du dich ihm in einer Notsituation anvertraust.

7. Auch in deinem Leben kann es zu Problemen kommen, z. B. im Elternhaus, im Freundeskreis oder in der Schule. Du kannst davor „fliehen", einfach nur abwarten oder sie aktiv anpacken. 6
   Erläutere an einem ausgewählten Beispiel diese drei Reaktionsmöglichkeiten und bewerte sie.

32

D

Lösungsblatt
Hilfe zum Nulltarif

zu 1. Vier Probleme in Stichpunkten: 2 (2/-)

- der erste Liebeskummer
- eine Krise mit dem besten Freund
- Fragen über Sexualität
- Schulsorgen

zu 2. Fremdwörter: 4 (4/-)

a) Eingliederung = Integration
b) ohne Namensnennung = anonym
c) unermesslich = immens
d) Bereitschaft, etwas anzunehmen = Akzeptanz

zu 3. Redewendungen: 4

a) „jemandem sein Herz ausschütten": (1/1)

Sobald ich irgendwelche Probleme habe, sei es in der Schule, mit meinen Eltern oder mit meinem Freund, dann gehe ich zu meiner besten Freundin und schütte ihr mein Herz aus. Ich erzähle ihr von meinen Sorgen, die ich in meinem Inneren – vielleicht im Herzen als Sitz der Emotionen – verwahrt habe und rede mit ihr darüber, um meine Beklemmung in meiner Brust zu lösen.

b) „der Löwenanteil": (1/1)

Der Löwe beansprucht als König der Tiere immer den größten Anteil, wenn es ums Fressen geht. Übertragen bedeutet die Redewendung, dass einem Menschen ein sehr großer Teil von irgendetwas, z. B. ein beträchtlicher Teil eines Vermögens, zusteht. Oft verläuft diese Verteilung nicht friedlich, sondern ist mit Auseinandersetzungen verbunden.

zu 4. Anonymer Berater: 6

a) Begründung: (1/1)

Manche Jugendliche fühlen sich mit ihren Sorgen bei einem anonymen Berater gut aufgehoben, weil diese Neutralität wahren. Die Anrufer müssen weder spitze Bemerkungen noch negative Folgen befürchten, zumal die Mitarbeiter des Kinder- und Jugendtelefons durch Schulungen gründlich auf ihre Aufgabe vorbereitet worden sind.

b) Situation: (2/2)

Ein anonymer Berater kann beispielsweise bei einer Vergewaltigung entscheidende Hilfe leisten. Oft traut sich das Opfer nicht über diese Tat zu sprechen, da es Angst hat und sich auch schämt, vor allem dann, wenn der Vergewaltiger ein Verwandter oder Bekannter der Familie ist. Gerade Mädchen stecken im Zwiespalt, wenn es um Vergewaltigung geht, denn einerseits schätzen sie vielleicht diese ihnen nahe stehende Person, andererseits hassen sie sie für das, was sie ihnen angetan hat. Die Opfer versuchen die Tat zu verstehen und suchen eventuell die Schuld sogar bei sich selbst. In so einem Fall muss ein anonymer Berater hinzugezogen werden, der abwägt, was zu tun ist und höchstwahrscheinlich empfiehlt, die Tat zur Anzeige zu bringen. Dem Opfer wird er mit allen zur Verfügung stehenden Mitteln Mut zusprechen, damit der seelische Schaden nicht in einer Kurzschlusshandlung endet.

zu 5. Selbstzweifel: 5 (3/2)

Ich will so sein wie meine Freundin Ute, denn sie ist sehr beliebt, hübsch und hat eine tolle Figur. Wenn ich an mir herunterschaue, sehe ich aus wie „das hässliche Entlein". Da kann ich leider nicht mithalten. Mich hat die Natur mit wenig Busen, dafür mit umso mehr Hüfte und

Lösungsblatt
Hilfe zum Nulltarif

zu 5. (Fortsetzung)

Po gesegnet. Außerdem watschele ich mit meinen dicken Schenkeln und Plattfüßen. So krieg' ich nie einen Freund. Kauft sich Ute einen neuen „Fummel", bin ich dabei. Ihr steht eigentlich alles, mir fast gar nichts. Wo sie zum Anbeißen aussieht, stehe ich da wie die Maid vom Lande. Ich mag mich nicht. Wenn ich in den Spiegel schaue, überkommt mich eine heillose Wut. Warum kann ich nicht so aussehen wie Ute? Vielleicht melde ich mich beim Schönheitschirurgen an, wenn ich etwas älter bin und mehr Geld habe.

zu 6. Persönliches Gespräch mit einer echten Bezugsperson: 5

Eine echte Bezugsperson zu finden, der man seine Sorgen und Probleme mitteilen kann, (3/2)
ist nicht leicht. In meinem Fall ist es mein älterer Bruder. Er ist mir vertraut und kann mich recht gut einschätzen. Er schweigt und hört aufmerksam zu, wenn ich zu erzählen anfange. Ab und zu stellt er eine Frage, wenn ihm ein Zusammenhang nicht klar ist. Immer zeigt er mir, dass er mich mit meinen Problemen ernst nimmt. Noch nie habe ich erlebt, dass er über meine Sorgen lacht oder sie lächerlich findet. Wenn es ganz schlimm ist, habe ich eine Schulter, wo ich mich ausheulen kann. Mein Bruder gibt mir in dieser Hinsicht Mut und Kraft und ich versuche seinen Rat in die Tat umzusetzen.

zu 7. Stellungnahme: 6

Man kann vor Problemen im Elternhaus, im Freundeskreis, in Schule und Beruf weglaufen, (3/3)
sie ignorieren oder bewältigen.

Wenn ich in der Schule Probleme in Mathematik habe, ist es sicher keine gute Lösung, im wahrsten Sinn des Wortes wegzulaufen und die Schule zu schwänzen. Dadurch wird die Sache nur noch schlimmer. Mir fällt es z. B. schwer, Körper zu berechnen, da ich den Pythagoras schon mal gar nicht finde. An solchen Tagen würde ich am liebsten alles hinwerfen und „fliehen".

Ein Problem „auszusitzen" ist ebenfalls keine gute Lösung. Nur abwarten, untätig sein und die Augen verschließen löst bei mir nicht meine ausgeprägte Schwäche in Mathematik. Warte ich ab, vertiefen sich meine Probleme und meine Lücken im Rechnen werden immer größer.

Am besten ist es, aktiv gegen ein Problem vorzugehen. Das erfordert allerdings Kraft, Mut und Ich-Stärke, denn bis meine Mathematikschwäche beseitigt ist, brauche ich nicht bloß Wochen, sondern Monate oder gar ein ganzes Schuljahr. Mühevoll werde ich mich Nachmittag für Nachmittag durch Aufgaben „beißen", vielleicht auch einen Nachhilfelehrer bemühen, der meine Defizite beheben kann. Meine Eltern werden meine Bemühungen auf jeden Fall finanziell unterstützen. Ich hoffe, dass ich die Ausdauer habe, über diesen langen Zeitraum „am Ball zu bleiben". Auf jeden Fall wird es sich lohnen, wenn die Abschlussprüfung kommt.

32

D | Name: ______________________ | Datum: ______________________

Textblatt
Hallo, hier Groß!

Entschuldigung, noch ein weiteres Wort über Handys, ich muss eine Geschichte erzählen. Nachdem ich ein Handy gekauft hatte, rief ich meine alte Freundin M. damit an, eine Technik-Ignorantin wie ich. Sie ließ sich detailliert erklären, wo man Handys bekommt, wie man sie kauft, was man dabei sagen muss, wie viel man bezahlt. Dann steuerte sie einen Laden an, machte alles wie ich, trug nervös und stolz ihr Telefon in der Handtasche mit sich herum.

Was geschah? Es rief niemand an. Jeder, der ein Handy gekauft hat, kennt das. Du bist plötzlich immerzu erreichbar, aber niemand will dich erreichen. Null Personen wollen mit dir reden. Unter Milliarden Telefonaten ist keines für dich. Du bist ein Nichts. Für Leute mit schwachem Selbstbewusstsein kann das zum Problem werden.

Was tat M., meine alte Freundin? Sie ging abends in ein großes Lokal, ohne dass ein Anruf gekommen wäre. Als der Abend fortschritt, sah sie sich mit der Frage konfrontiert, ob man ein Handy mit aufs Klo nimmt. Sie nahm es mit - zu groß war die Angst, etwas zu verpassen. Und genau dort, in einer Kabine, inmitten von Gluckern und Spülen und Rauschen, mit hochgezogenem Rock, in einem Moment von Erleichterung und Ruhe, ereilte sie der erste Handy-Anruf ihres Lebens.

Dramatischer noch wird die Lage von Handy-Besitzern, wenn sie mit dem ICE reisen müssen. Aus irgendeinem Grund fahren die meisten ICEs fast immer in Funklöchern, länglichen Funklöchern, die das ganze Land durchziehen, und in die kein Wort von außen dringt. Oder sind diese Züge zu schnell? Kommen also die Worte und Sätze, die oft noch gewöhnt sind, durch Telefonkabel gepumpt zu werden, dem sausenden Zug nicht hinterher?

Jedenfalls sieht man auf jedem Bahnhof, wie sämtliche Handybesitzer im ICE in ihre Taschen fassen und Gespräche beginnen, Alkoholikern ähnlich, die gleich die Kneipe verlassen müssen. Schnell noch'n Schluck aus der Kommunikationspulle! Kürzlich saß ich neben einem Herrn, der in Sachen Steuer sparender Immobilien reiste, in Begleitung eines maunzenden Telefontiers.

Fiepfiep.

„Groß hier. ... Ja, Dr. Brömmer, grüße Sie. ... Ja, war sehr schön gestern, sieht sehr gut aus, wir drucken mal zehntausend, vorbehaltlich der steuerlichen Beurteilung von Himmelsdörfer und Steinemann. ... Wie bitte? ... Nein, ich stottere nicht, der Zug fährt jetzt. ... Herr Dr. Brömmer?"

Wählt.

„Groß hier, können Sie mich noch mal durchstellen, das Netz war weg. ... Ja, Herr Dr. Brömmer, also ... wir sind jetzt bei 15 Millionen, können aber jederzeit aufstocken. ... Dr. Brömmer? Aaaah, wieder weg."

Wartet zwei Minuten, wählt.

„Groß hier, sorry, aber das Netz geht immer weg, können Sie mich noch mal ...? Ja, Dr. Brömmer, kein Problem, faxen Sie das ... hallo, Dr. Brö ...?"

Wartet zwei Minuten, wählt.

„Groß hier, hallo, stellen Sie mich noch mal ..., ja verstehe Sie bestens ... die haben massenhaft Liquidität ... hallo?"

„Geben Sie auf!", sagte ich zu ihm. „Warten Sie auf den Bahnhof!"

Er ließ sein Handy sinken und schaute mich an. „Ja, hier Groß", sagte er, „grüße Sie. Ich hallo?"

„Ja?", sagte ich und sah ihn erstaunt an. „Was ist mit Ihnen?"

„Ja, hier noch mal Groß, das Netz war gerade weg", sagte er. „Sorry, kein Problem ... Jetzt habe ich schon wieder keine Verbindung."

„Aber ich sitze neben Ihnen!", sagte ich.

„Ja, hier Groß, ich bin es noch mal", sagte er und starrte mich unverwandt an. „Ich kann nicht mehr anders ... hallo? ... sprechen", sagte er. „Zu viele ICEs, zu viele Telefonate, zu viele Funklöcher. Ich rede immer so."

„Wie traurig", sagte ich und schaltete mein Handy aus. „Wie sehr traurig!"

Er hob schon wieder sein Telefon ans Ohr, ließ es noch einmal sinken und sagte zum Schaffner, der gerade vorbeiging: „Hallo, hier Groß, könnten Sie mir einen Kaffee ... Hallo?"

Axel Hacke: in „Auf mich hört ja keiner" aus „Sammlung von Kurzgeschichten". Verlag Antje Kunstmann

D	Name: ______________________	Datum: ______________	

Aufgabenblatt
Hallo, hier Groß!

1. Fassen Sie den Inhalt der Kurzgeschichte zusammen. 6

2. Im Text kommen folgende Fremdwörter vor: 2
   - Technik-Ignorantin (Zeile 2)
   - detailliert (Zeile 3)

   Erklären Sie deren Bedeutung aus dem Textzusammenhang.

3. Der Autor verwendet folgende sprachliche Bilder: 4
   - „... Kommunikationspulle!" (Zeile 22)
   - „... eines maunzenden Telefontiers." (Zeile 23)

   Erläutern Sie die jeweilige Bedeutung mit eigenen Worten.

4. Groß telefoniert mit seinem Geschäftspartner Dr. Brömmer (Zeilen 25 - 37) 2
   Mit welchen sprachlichen Mitteln verdeutlicht der Autor die ständigen Unterbrechungen des Gesprächs? Führen Sie zwei Beispiele an.

5. Der Verfasser bedient sich des Stilmittels der Ironie.
   a) Zitieren Sie zwei entsprechende Textstellen. 2
   b) Welche Wirkung erzielt er damit beim Leser? 2

6. „Ohne Handy bin ich ein Nichts!", so denken viele Jugendliche. 4
   Andere wiederum entscheiden sich bewusst gegen ein Handy. Finden Sie Gründe für deren Verzicht.

7. „Ausgerechnet jetzt klingelt das Handy. Wie peinlich!" 4
   Schildern Sie eine entsprechende Situation.

8. Moderne Medien verbinden Menschen, sie können aber auch in die Vereinsamung führen. 10
   Erörtern Sie ausführlich.

36

D

Lösungsblatt
Hallo, hier Groß!

zu 1. Inhaltszusammenfassung: 6 (4/2)

In der Kurzgeschichte „Hallo, hier Groß!" von Axel Hacke, die 1999 im Antje Kunstmann Verlag unter dem Titel „Auf mich hört ja keiner" erschienen ist, geht es um das Handy. Der Verfasser schildert ironisch, welche Probleme Handybesitzer haben. Es geht darum, immer im falschen Augenblick einen oder tagelang keinen Anruf zu bekommen. Axel Haucke macht mit seinen zwei Beispielen deutlich, wie abhängig Menschen von ihrem Handy geworden sind. Im ersten Fall ist es fast Ironie des Schicksals, dass die Freundin des Autors als Technik-Ignorantin nach der Anschaffung eines Handys den heiß ersehnten Anruf dann bekommt, als sie auf der Toilette sitzt, also dort, wo sie es am allerwenigsten erwartet hat. Im zweiten Fall schildert der Autor sein Erlebnis mit einem gewissen Herrn Groß, dessen Telefonate per Handy ständig unterbrochen werden, da der ICE immer wieder durch sogenannte „Funklöcher" fährt. In ironischer Überspitzung kann Herr Groß ein Gespräch mit dem Autor, der ihm gegenüber sitzt, nur noch über sein Handy führen.

Mit scharfem Sarkasmus und beißender Ironie zeigt Axel Hacke die fast unselige Abhängigkeit des Menschen von seinem Handy auf, einem „maunzenden Telefontier", das man nicht mehr los wird.

zu 2. Fremdwörter:

Technik-Ignorantin: 1 (1/-)

Ignoranten sind Menschen, die nichts wissen oder nichts wissen wollen, und von bestimmten Bereichen keine Ahnung haben.

detailliert: 1 (1/-)

Detailliert heißt, dass ein Sachverhalt sehr genau bis in alle Einzelheiten beschrieben oder erklärt wird.

zu 3. Sprachbilder:

„Kommunikationspulle" (Zeile 22): 2 (1/1)

Im ursprüngliche Sinne ist eine Pulle eine Flasche, die zumeist Alkohol enthält. Übertragen bedeutet das Wort, dass die Kommunikation per Handy mit dem Trinken aus einer Flasche verglichen wird. Man setzt an und kann nicht mehr aufhören. Der Autor spielt auf die Alkoholsucht an. Viele Menschen sind so süchtig nach ihrem Handy wie Alkoholiker nach ihrer Schnapsflasche.

„Maunzendes Telefontier" (Zeile 23): 2 (1/1)

Im ursprünglichen Sinne ist mit einem maunzenden Tier eine Katze gemeint, die ständig klagt und jammert, weil sie etwas will. Der Autor setzt vor das Wort „Tier" den Begriff „Telefon" und will damit im übertragenen Sinn das Handy mit einem Tier vergleichen, das versorgt, also „eingeschaltet" werden will, wenn es läutet, also „maunzt". Axel Haucke personifiziert das Handy, das wie ein lebendiges Tier nie still ist, „Hunger" hat und an die Steckdose angeschlossen und versorgt werden will.

zu 4. 2 (1/1)

Der Autor verdeutlicht die ständigen Unterbrechungen des Gesprächs, das in wörtlicher Rede stattfindet, mithilfe von Auslassungszeichen in Form von Punkten.

Beispiel: „Ja, Dr. Brömmer, kein Problem, faxen Sie das ... hallo, Dr. Brö...?"

Auch die häufigen Pausen, die das Gesprochene wie Wortfetzen erscheinen lassen, verdeut-

Lösungsblatt
Hallo, hier Groß!

zu 4. (Fortsetzung)
lichen die ständigen Unterbrechungen. So werden Sätze nicht zu Ende geführt und Wörter nur halb ausgesprochen. Sehr oft wiederholt sich das Wort „hallo", was auf eine unterbrochene Verbindung hindeutet.
Beispiel: „Groß hier, hallo, stellen Sie mich noch mal ..., ja verstehe Sie bestens ... die haben massenhaft Liquidität ... hallo?"

zu 5. Der Verfasser bedient sich des Stilmittels der Ironie. 2

a) Zwei Textstellen: (1/1)

„Null Personen wollen mit dir reden. Unter Milliarden Telefonaten ist keines für dich. Du bist ein Nichts". (Zeilen 7 - 8)
"Kommen also die Worte und Sätze, die oft noch gewöhnt sind, durch Telefonkabel gepumpt zu werden, dem sausenden Zug nicht hinterher?" (Zeilen 18 - 19)

b) Welche Wirkung erzielt er damit beim Leser? 2

Der Verfasser bedient sich des Stilmittels der Ironie. Dadurch wird beim Leser der Effekt des Schmunzelns ausgelöst. Der Text liest sich somit leichter, ist nicht ernst geschrieben, aber doch ernst zu nehmen. Dem Leser wird auf witzige Art nahegebracht, was für Probleme durch den übermäßigen Gebrauch von Handys entstehen. (1/1)

zu 6. Gründe für den Verzicht auf ein Handy: 4

Viele Jugendliche können ohne ein Handy nicht mehr leben. Andere wiederum entscheiden sich bewusst gegen ein Mobiltelefon. Dabei spielen bestimmte Gründe ein wichtige Rolle. (2/2)
Einer davon ist, dass das Handy wie bekannt meistens genau dann klingelt, wenn man es am wenigsten brauchen kann. Dadurch können oft sehr peinliche Situationen entstehen. Manche Jugendliche begründen ihren Verzicht auf ein Handy, weil sie nicht immer erreichbar sein wollen. Stille, Abgeschiedenheit und Situationen der Intimität sollen nicht durch Handygebimmle gestört werden.
Außerdem wird als Argument gegen ein Handy die Gefährlichkeit der Strahlung ins Spiel gebracht. Das Mobiltelefon sollte nicht direkt am Körper getragen werden. Untersuchungen haben ergeben, dass ein Zuviel an Strahlung krebserregend sein kann. Das kann abschrecken und zum Handyverzicht führen.
Zudem kann man den Kontakt zu Freunden durch Telefonate und per SMS nicht mit einem realen Treffen und einem persönlichen Gespräch vergleichen. Man erlebt die Mimik und Gestik des Partners und kann seine Gefühle und Einstellungen besser spüren und einschätzen. Wozu also ein Handy?
In vielen Fällen mag es wohl nützlich sein, dass man erreichbar ist, aber die Jugendlichen, die sich gegen ein Mobiltelefon entschieden haben, haben sich durchaus Gedanken gemacht und genügend Gründe gefunden, warum ein Verzicht auf ein Handy sinnvoll ist.

zu 7. Schilderung: 4

Immer dann, wenn alle ruhig und konzentriert sind, passiert es - das eigene Handy klingelt. Am besten noch ein möglichst kindischer, heruntergeladener Klingelton, der auch die Hintersten aufschauen und lachen lässt. Wenn jeder darüber schmunzelt und bis auf ein deutliches „Psst!" nichts weiter passiert, ist alles okay. Jedoch kann das auch anders ausgehen. Schwarze Anzüge und Krawatten bzw. Fliegen, wohin man schaut. Ein Kleid schöner als das (2/2)

Lösungsblatt
Hallo, hier Groß!

zu 7. (Fortsetzung Schilderung)

andere, und alle Träger in Vorfreude auf einen schönen, unterhaltsamen Abend. So sieht es vor einem Opernabend oder einer Konzertveranstaltung aus. Es wird noch leise geredet, bis im ganzen Saal das Licht ausgeschaltet wird. Plötzlich ist in dem riesigen Raum außer einem unterdrückten Husten hier und da nichts mehr zu hören. Die Aufführung beginnt und alle schauen aufmerksam und konzentriert auf die Akteure auf der Bühne. Und plötzlich passiert es. Ein schriller Klingelton tönt durch den Saal und stört die Ruhe. In einem solchen Augenblick wünscht man sich als Handybesitzer am Nordpol zu sein. All die, die beim Betreten des Opernhauses sehr wohl das Schild mit der Aufschrift „Handys bitte ausschalten!" gelesen haben, drehen sich empört in Richtung Klingelton. Die ersten Besucher fangen an sich halblaut zu beschweren und schütteln verständnislos den Kopf. Die Besitzerin des Handys, eine grell geschminkte Dame, sitzt wortlos und rot bis obenhin auf ihrem Platz. Schnell schaltet sie ihr Handy aus und zuckt entschuldigend mit den Achseln. Auch nach der Oper drehen sich einige Leute noch nach ihr um und signalisieren mit ihrer Mimik, dass sie diese Störung als unangebracht empfunden haben.

Nach einem solchen Abend kontrolliert man wohl doppelt und dreifach, ob das Handy auch wirklich ausgeschaltet oder zumindest auf lautlos gestellt ist.

zu 8. Gliederung: 10 (6/4)

A) Einleitung
Alltag mit Medien - Themafrage

B) Hauptteil
I. Die modernen Medien verbinden Menschen:
1. Ständige Verbindung durch das Internet
2. Ständige Erreichbarkeit durch das Handy
3. Kennenlernen von Menschen aus aller Welt
II. Die modernen Medien führen zur Vereinsamung:
1. Sprachlosigkeit vor dem PC
2. Schriftliches Unterhalten
3. Vernachlässigung persönlicher Treffen
4. Aussichtlosigkeit persönlicher Kontakte aufgrund großer Entfernungen

C) Schluss
Wertlegung auf persönliche Kontakte
Reduzierung des Gebrauchs moderner Medien

zu 8. Erörterung:

An einem ganz normaler Tag, allein in der Wohnung oder im Zimmer, ist man heutzutage doch nicht allein - oder etwa doch? In der heutigen Zeit lebt man mit den modernen Medien zusammen. Sie sind rund um die Uhr eingeschaltet. Der PC läuft, das Handy ist an und der MP3-Player dröhnt die Ohren zu. Für all das braucht man keinen Freund, der da ist, um mit einem zu reden. Er kann auch ganz entspannt von zu Hause aus präsent sein. Man schreibt oder telefoniert miteinander - kein Problem. Die neuen und modernen Medien verbinden die Menschen also und machen es möglich, immer und überall miteinander auf unterschiedlichste Art zu kommunizieren. Warum sagen dann aber doch so viele, dass sie sich allein und einsam fühlen? Wie verbinden die neuen Medien die Menschen und wie lassen sie sie vereinsamen?

Lösungsblatt
Hallo, hier Groß!

zu 8. (Fortsetzung Erörterung)

Das Internet ermöglicht eine ständige Verbindung zu Freunden und Bekannten. Über Internet-Foren, Communitys oder Chat-Programme wie „Icq" oder „Men's Messenger" kann man in Sekundenschnelle Nachrichten versenden und empfangen. Wenn die Jugendlichen oder auch Erwachsenen von der Schule oder der Arbeit nach Hause kommen, wird erst einmal der Computer eingeschaltet und sofort sieht man, welche Freunde oder Internetbekanntschaften ebenfalls am Computer sitzen und „online" sind. Dann wird umgehend drauflosgeschrieben und die täglichen Erlebnisse und Erfahrungen werden ausgetauscht. Oft hat man keine Zeit oder Lust, sich irgendwo zu einer Aussprache zu treffen. Durch das Internet kann man sofort in Erfahrung bringen, welche Probleme die Freunde gerade haben und was sie sonst noch machen.

Ein anderes modernes Medium ist das Handy. Dieses unscheinbar kleine Telefon hat die Medienwelt revolutioniert. Durch das Handy werden enorm wichtige, oft persönliche, manchmal auch irrsinnige Entscheidungen getroffen. Eine Beziehung wird lapidar mit einer kurzen SMS beendet oder angefangen. Selbst Heiratsanträge werden schon per SMS gestellt. Egal wo, mit dem Handy ist man stets erreichbar. Man kann angerufen oder per SMS angeschrieben werden.

Ein großer Vorteil der modernen Medien ist, dass man Menschen aus anderen Städten, Ländern und Kontinenten kennenlernen kann. Sie verbinden die Menschen also weltweit. Man war vielleicht noch nie in seinem Leben in den USA, hat dort aber schon mehrere Freunde, mit denen man regelmäßig kommunizieren kann. So lernt man dank der modernen Medien anderen Menschen und Kulturen kennen - und das alles von zu Hause aus.

Jedoch kann diese Vielzahl an Medien mit der Zeit auch zur Vereinsamung führen.

Man sitzt den ganzen Tag nur stumm vor dem PC und chattet mit Freunden. Man kann sie nicht sehen, spüren oder riechen. Es kann nur das gesehen werden, was sie schreiben. Würde die Internetverbindung unterbrochen sein, so säße man allein im Zimmer.

Dadurch werden persönliche Treffen immer weniger. Warum sollte man sich auch noch treffen, wenn man sowieso schon die ganze Zeit per Chat oder Forum miteinander „redet"? Jedoch sind diese realen Treffen sehr wichtig. Jeder Mensch braucht ab und zu persönlichen Kontakt zu Freunden und zu Menschen allgemein. Das Schreiben im Chat-Programm kann das auf gar keinen Fall ersetzen. Es fehlen dort nämlich viele Dinge wie Augenkontakt, Berührungen, die Stimme und Stimmungen in Form von Trauer, Ernst, Fröhlichkeit und Lachen. Es ist einfach jemand da, den man mag und achtet. Man sitzt nicht wie üblich allein und verlassen vor dem PC und hämmert stumm irgendwelche meist unpersönlichen Sätze in die Tastatur.

Außerdem passiert es oft, dass sich Menschen im Internet kennenlernen und ineinander verlieben. Sie wohnt jedoch in Augsburg und er irgendwo in Amerika. Sie wissen beide, dass eine Beziehung aufgrund dieser Entfernung nicht von Dauer sein kann. Das ist schon sehr deprimierend. Man hat, so scheint es, die Liebe seines Lebens gefunden und weiß, dass daraus nie etwas werden wird. Dann dreht man sich um, schaut nach links und nach rechts und bemerkt, dass man mutterseelenallein ist. Keiner ist da, der einen jetzt in den Arm nehmen kann. Man vereinsamt.

Deshalb dürfen die modernen Medien nicht so wichtig genommen werden. So sollte man mehr Wert auf persönlichen Kontakt legen. Massenmedien sind kein Ersatz für echte Freunde und werden es auch nie sein. Der PC, das Internet und das Handy mögen zwar interessant und in mancher Hinsicht gewinnbringend sein, sie können und wollen vielleicht auch gar nicht reale Menschen ersetzen.

Nicole R. (M10 a) 36

D	Name: ______________________	Datum: ______________	

Textblatt
Wir brauchen die emotionale Wende

Nur der kann andere lieben, der sich auch selbst liebt. Nur wer seine eigenen Stärken kennt und zu schätzen weiß, kann die anderer würdigen und Chancen haben im Wettbewerb.

Wir alle wissen aus dem Sport: Das Match wird im Kopf entschieden. Wie wirklich ist denn unsere Wirklichkeit? Wie viel von dem, was wir als unsere Umwelt und unser Leben wahrnehmen und als glücklich oder unglücklich werten, ist denn objektiv vorgegeben und wie viel von uns selbst gemacht?

Wenn wir mit ausländischen Freunden über unser Land reden und über Arbeitslosigkeit, Überalterung oder Innovationsmangel klagen, denken unsere Gesprächspartner oft, wir sprechen von einem anderen Land. Für sie ist Deutschland in vielerlei Hinsicht ein Paradies.

Natürlich ist die Rente gefährdet und jeder Arbeitslose einer zu viel. Natürlich haben wir zu wenig Kinder und sind in vielen Lebensbereichen im weltweiten Wettbewerb nicht mehr da, wo wir einmal waren. Natürlich fehlt uns wirtschaftliches Wachstum. Und natürlich waren wir zwischen 1933 und 1945 die barbarischste und unmenschlichste Nation der Welt.

All das ist überaus real und deprimierend. Keiner kann und darf es verdrängen oder sollte dies nur versuchen. Aber einseitige Fokussierung darauf hilft uns weder weiter, noch löst sie unsere komplexen Probleme.

Der Dalai-Lama sagt sehr deutlich: Das Glück liegt in uns. Leider neigen wir dazu, es nach außen zu verlagern und abhängig zu machen von Dingen jenseits unserer Kontrolle - dem Wetter, dem Geld, dem Chef, dem Ehepartner. Dabei sind wir selbst es, die über Glück und Unglück entscheiden.

Und der Dalai-Lama sagt noch etwas sehr Wichtiges: Hass, Wut, Angst und schlechte Laune verengen unser Sichtfeld.

Wir haben so unendlich Vieles, das wir lieben können und das uns auch ein wenig stolz machen darf. Wir sind in den letzten Jahren eine Macht für den Frieden und für Stabilität in der Welt geworden. Wir sind eine starke und erwachsene Demokratie. Wir haben gewaltfrei die Wiedervereinigung erleben dürfen und die gigantischen Herausforderungen auf erstaunliche Weise gemeistert. Niemand verhungert oder verdurstet auf unseren Straßen. Wir haben Wärme, Licht und stabile Häuser. Keine Wirbelstürme und Erdbeben verwüsten unser Land. Die Dinge des Alltags funktionieren, ob Heizung oder Telefon, Straßen oder Krankenhäuser.

Freuen wir uns doch an solchen Gegebenheiten, die nicht selbstverständlich sind. Feiern wir sie ein wenig, und seien wir dankbar dafür.

Noch nie war ein Volk so reich und so unglücklich. Warum das so ist? Darüber ist viel Kluges geschrieben worden. Wir sind ein sehr junger Nationalstaat. Wir ringen nach wie vor um unsere Identität und setzen uns mit unserer Geschichte im 20. Jahrhundert auseinander. Bis zum Sommer 2006 hingen keine Flaggen vor unseren Häusern und an unseren Autos.

Die Fußball-Weltmeisterschaft in Deutschland hat das schlagartig verändert. Fast wie ein Wunder. Wie das Wunder von Bern 1954 ... Wir sahen Schwarz-Rot-Gold als Tätowierung und Slip, als Make-up und Perücke. Und beobachteten staunend Jugendliche landauf, landab, die textsicher mit der Hand auf dem Herzen unsere Hymne schmetterten.

Das waren große Schritte zu einem normalen, lässigen nationalen Selbstbewusstsein. Jetzt müssen wir nur darauf achten, dass es nicht beim kurzfristigen kollektiven Rausch bleibt. Wir brauchen den neuen Geist nicht nur beim Fußball, sondern bei all den notwendigen Reformen unserer Gesellschaft ebenso wie im globalen Wirtschaftswettbewerb.

Deutschland braucht die emotionale Wende. Sie ist wichtiger als die Frage, ob wir die Mehrwertsteuer nochmals erhöhen oder nicht. Die so unglaublich erfolgreiche Fußball-Weltmeisterschaft 2006 hat diesbezüglich ganz wichtige Impulse in die richtige Richtung gegeben.

Schaffen wir über die WM hinaus die Wende zur positiven Selbstwahrnehmung, werden wir ungeahnte Innovationskraft freisetzen können.

Nach: Dr. Florian Langenscheidt: „Wir brauchen die emotionale Wende".

D Name: ______________________ Datum: ______________

Aufgabenblatt
Wir brauchen die emotionale Wende

1. Der Autor wünscht sich die emotionale Wende in Deutschland. 6
   Was muss sich seiner Meinung nach ändern? Fassen Sie die im Text genannten Forderungen zusammen.

2. Diese Begriffe kommen im Text als Fremdwörter vor: 2
   a) Scharfstellung
   b) umfassend
   c) weltweit
   d) entmutigend
   Ordnen Sie entsprechend zu.

3. Der Autor verwendet in den Zeilen 22 bis 26 mehrmals nacheinander den gleichen Satzanfang. 2
   Welche Absicht verfolgt er damit? Erklären Sie.

4. „Schaffen wir über die WM hinaus die Wende zur positiven Selbstwahrnehmung, werden wir ungeahnte Innovationskraft freisetzen können." (Zeilen 46/47) 2
   Geben Sie den Inhalt dieses Satzes mit eigenen Worten wieder.

5. „Das Match wird im Kopf entschieden." (Zeile 3)
   Diese Redewendung kommt aus dem Sport.
   a) Erläutern Sie, was der Autor damit sagen will. 2
   b) Übertragen Sie diese Redewendung auf ein selbst gewähltes Beispiel aus einem anderen Lebensbereich. 2

6. Die Fußball-WM 2006 in Deutschland wurde als ein „Sommermärchen" bezeichnet. 6
   Welche Veränderungen vollzogen sich während der WM in den Köpfen der Menschen?
   Beschreiben Sie diese.

7. Manchen Jugendlichen war die Fußball-WM völlig egal. 4
   Führen Sie deren Gründe an.

8. Sport bereichert das Leben der Menschen, er hat aber auch Schattenseiten. 10
   Erörtern Sie ausführlich.

36

D

Lösungsblatt
Wir brauchen die emotionale Wende

zu 1. 6 (4/2)

Um eine emotionale Wende in Deutschland zu vollziehen, soll sich nach Dr. Langenscheidts gleichnamigen Beitrag im Reader's Digest vom Oktober 2006 das Denken der Menschen ändern. Wir sollen uns nicht nur am persönlichen Reichtum erfreuen, sondern eher an den Dingen, die in anderen Ländern nicht alltäglich sind. Er meint damit, dass wir in Deutschland zum Beispiel nicht frieren müssen und saubere Luft und stabile Häuser haben.

Des Weiteren führt er an, dass sich eine emotionale Wende während der Fußball-Weltmeisterschaft im Jahr 2006 in unseren Köpfen vollzogen hat. Nun meint der Autor aber, dass sich dieser Wandel und neuer Nationalstolz auch auf unser weiteres Leben nach der Fußball-WM auswirken muss. Er hofft, dass sich der neue Geist auch auf Politik und Wirtschaft auswirken wird. Zudem schreibt der Autor, dass die Menschen ihren Wert viel positiver sehen müssten als bisher. Denn gerade das wird in uns neue ungeahnte Innovationskraft freisetzen.

zu 2. 2 (2/-)

a) Scharfstellung = Fokussierung
b) umfassend = komplex
c) weltweit = global
d) entmutigend = deprimierend

zu 3. 2 (1/1)

Der Autor verwendet bewusst mehrmals den Satzanfang „Wir“, um damit überaus deutlich die Leistung hervorzuheben und das Gefühl zu vermitteln, dass wir als Nation etwa geleistet haben, worauf jeder Einzelne von uns stolz sein kann. Mit jedem neuen „Wir“ bringt der Verfasser ein neues schlagkräftiges Argument gegen unseren Pessimismus und unser mangelndes Selbstbewusstsein.

zu 4. 2 (1/1)

Den Satz in den Zeilen 46/47 könnte man auch folgendermaßen formulieren:
Wenn wir über die Fußball-WM hinaus einen postiven, optimistisch ausgerichteten Sinnes- und Bewusstseinswandel in Bezug auf den Wert unserer Person und unserer Lebenseinstellung vollziehen, könnte das einen nicht erwarteten Erneuerungsprozess ermöglichen.

zu 5.

a) Redewendung: „Das Match wird im Kopf entschieden“ 2 (1/1)

Mit der Redewendung „Das Match wird im Kopf entschieden“ will uns der Autor sagen, dass über Sieg oder Niederlage, über einen guten oder schlechten Tag, sehr oft die innere Einstellung des Menschen entscheidet. Oft spielt man ein Match schon vorher in Gedanken durch. Das kann vor allem dann hilfreich sein, wenn man positiv denkt. Mentale Stärke überträgt sich auf die Physis des Menschen. Wie das genau vor sich geht, wissen wir noch nicht. Nur eines ist sicher: Traut man sich nichts zu, verliert man oder versagt in der Prüfung.

b) Beispiel 2 (1/1)

Unsere Abschlussprüfung ist ein Beispiel für die Redewendung „Das Match wird im Kopf entschieden“. Das Match ist in diesem Fall unsere Prüfung. Wenn ich morgens aufstehe und mir einrede, dass mein Diktat bestimmt schlecht ausfallen wird, mache ich wahrscheinlich mehr Fehler, weil ich psychisch „schwächer“ bin, als wenn ich vor Selbstbewusstsein strotze und an meine fundierte Vorbereitungszeit denke. Ich-Stärke fördert erwiesenermaßen die Konzentrationsfähigkeit. Prozesse dieser Art laufen im Kopf ab und helfen, eine Prüfung erfolgreich zu absolvieren.

Lösungsblatt
Wir brauchen die emotionale Wende

zu 6. 6 (4/2)

Das Spiel um Platz 3 in Stuttgart im Sommer 2006 war ein toller Abschluss der Fußball-WM für die DFB-Elf und für ganz Deutschland. Schnell wurde aus den vier Wochen im Juni und Juli 2006 ein „Sommermärchen". Verändert haben sich auch die Menschen in unserem Land, ihr Denken und ihre Emotionen.
Auf einmal fuhr fast jedes Auto mit den kleinen Deutschland-Fensterfahnen herum oder mit einer großen Fahne auf der Kofferraumablage. Niemand war böse, dass die Deutschen wieder Flagge zeigten. Ein paar Jahre zuvor wäre dieser Nationalstolz von vielen Ausländern missverstanden worden, und wir Deutschen wären wieder schnell als Nazis bezeichnet worden. Dass dies nicht passierte, war dem offenen und ehrlichen Bewusstseinswandel der Menschen zuzuschreiben.
Ebenso war das Motto dieser WM einfach nur klasse: „Die Welt zu Gast bei Freunden". Ich erinnere mich noch an Fernsehbilder, wo sich Menschen verschiedener Nationen in den Armen lagen, freuten und feierten. Es war egel, woher man kam, welche Sprache man sprach und welche Hautfarbe man hatte. Der Spielrausch der Mannschaften, das tolle Wetter und das fantastische Drumherum machten aus unbekannten Menschen Freunde. Wer kein Hotel hatte, konnte trotzdem schnell ein Bett finden. Vor der WM wäre das undenkbar gewesen. Die Hilfsbereitschaft war schier grenzenlos.
Viele ausländische Besucher sind mit Vorurteilen angereist und haben unser Land nur ungern wieder verlassen. Auch von vielen Politikern aus allen Teilen der Welt kam viel Lob und Zustimmung über diese so glänzend verlaufene Weltmeisterschaft. Deutschland ist jetzt wieder eine bewunderswerte Nation. Deutschland - ein Sommermärchen.

zu 7. 4 (2/2)

Dass die Fußball-WM manchen Jugendlichen egal war, ist anzunehmen, auch wenn der Prozentsatz gering sein dürfte.
Manche Jugendliche spielen oder mögen keinen Fußball. Ihre Betätigungsfelder können bei anderen Sportarten wie z. B. Tennis oder Schwimmen liegen. Von daher war das Interesse an den Spielen der WM bei diesem Personenkreis sicherlich gering.
Andere Jugendliche hatten keine Zeit, da sie mit der Schule und Abschlussprüfungen zu tun hatten. Man setzte Schwerpunkte, die eindeutig mehr dem Lernen als dem Miterleben von Fußballspielen galten.
Natürlich findet man in unserem Land auch Jugendliche, die zu überhaupt nichts Lust haben, „Null Bock" auf irgendetwas. Bei so eingeengten „Interessensbereichen" bliebe natürlich die Fußball-WM als wichtiges sportliches Ereignis auf der Strecke.

zu 8. Gliederung: 10 (6/4)

A) Einleitung
Redewendung: „Sport ist Mord!"
Sport bereichert das Leben der Menschen, aber er hat auch Schattenseiten

B) Hauptteil
I. Sport als Bereicherung des Lebens
1. Mannschaftssport
a. Gewinnen von Freunden
b. Fördern von Charaktereigenschaften
2. Gesundheit und Fitness
a. Ausdauer durch Sport

D

Lösungsblatt
Wir brauchen die emotionale Wende

zu 8. (Fortsetzung Gliederung)

b. Gesundheit durch Sport
3. Ausgleich zum Arbeitstag
a. Sport als Hobby
b. Besuch von Sportveranstaltungen
II. Sport mit seinen Schattenseiten
1. Erfolg um jeden Preis
a. Doping
b. Überbelastung des Körpers
2. Fanatismus im Sport
a. Hooligans
b. Morddrohungen und Mord

C) Schluss
Zusammenfassung
Eigene Situation mit eigener Meinung

zu 8. Erörterung:

Sport ist Mord! Wer von uns kennt diese Redewendung nicht? Aber ist es wirklich so? Meistens kommt diese Aussage doch nur von absoluten Sportmuffeln. Sie sitzen lieber am PC oder vor dem Fernsehgerät und vergessen oder verdrängen die Bereicherungen, die ihnen der Sport bringen könnte. Objektiv betrachtet muss man allerdings zugeben, dass der Sport auch Schattenseiten hat.
Mannschaftssportarten wie z. B. Fußball, Handball oder Basketball können das Leben des Menschen bereichern. Ein Team muss zusammenhalten, wenn es gewinnen will. Es kommt auf jeden Einzelnen an. Man lernt schnell Teamfähigkeit, Kampfgeist, Einsatzbereitschaft und Verantwortungsbewusstsein. Mannschaftssportarten sind gut für den Charakter. Jeder, der in einem Team spielt, weiß, dass sich die anderen auf einen verlassen und umgekehrt. Dieses Vertrauen ist eine Verpflichtung, die man erfüllen muss. Das lässt sich auch auf das außersportliche Leben übertragen. In Schule und Beruf kann ich mich besser durchsetzen. Zähigkeit, Durchhaltevermögen sowie Lern- und Leistungswille sind bei Lehrern wie Arbeitgebern gern gesehene Schlüsselqualifikationen. Ich habe mich zum Beispiel in Mathematik täglich und am Wochenende hingesetzt und habe die quadratischen Gleichungen so lange geübt, bis ich sie „im Schlaf" beherrscht habe. Man muss nur wollen.
Außerdem findet man durch den Sport schneller Freunde, die einem mit Rat und Tat zur Seite stehen. Man sitzt mit ihnen nach dem Training oder Spiel zusammen und redet nicht nur über sportliche, sondern auch über persönliche Dinge. So kann es durchaus sein, dass die Familien sich treffen und gemeinsam etwas unternehmen.
Sport in Maßen verbessert eindeutig Gesundheit und Fitness. Ausdauersportarten wie Joggen oder Radfahren stärken die Organkraft und das Immunsystem, man wird weniger krankheitsanfällig. Das Kreislaufsystem kommt besser in Schwung. Der Bierbauch schwindet, Muskeln werden aufgebaut. Wer regelmäßig Sport treibt, achtet zudem besser auf ein gesünderes Leben. Alkohol, Zigaretten und übermäßiges und fettes Essen rutschen ins Abseits. Wir fühlen uns einfach besser und vitaler.
Der Ausgleich zum Arbeitstag ist ein weiteres Argument dafür, dass der Sport eine Lebensbereicherung sein kann. Er ist als praktiziertes Hobby ein Ausgleich zum stressigen Arbeitstag. Viele nutzen gerade im Sommer die Möglichkeit und gehen abends noch zum Schwimmen oder

D

Lösungsblatt
Wir brauchen die emotionale Wende

zu 8. (Fortsetzung Erörterung)

laufen eine Runde. Sie bauen somit den Druck, der sich den ganzen Tag über angestaut hat, wieder ab. Viele besuchen aber auch nur ein Fußball- oder Basketballspiel, um aus dem gewohnten Alltagstrott etwas herauszukommen und sich zu entspannen.
Dass aber eben nicht alles Gold ist, was glänzt, und der Sport auch Schattenseiten hat, hört man leider auch immer wieder.
Gerade jetzt, wo die Geständnisse der Radprofis wie Zabel und Co., Dopingmittel genommen zu haben, die Sportwelt aufschrecken, erkennt man, dass der Druck auf Leistungssportler eminent groß ist. Viele setzen alles für den Erfolg aufs Spiel und scheuen sich nicht, illegale Praktiken anzuwenden. Ihnen ist es egal, was das Gesetz vorschreibt, sie betrügen sich, ihre Mannschaftskameraden und das Publikum.
Gefährlich kann auch eine einseitige Belastung des Körpers sein. Wer zu viel trainiert und sich zudem noch falsch ernährt, schadet seiner Gesundheit. Besonders Kraftsportarten fordern ihren Tribut. Deformierte Gelenke und Bandscheiben kündigen schon zu aktiven Zeiten ein schlimmes Leben nach Beendigung der Sportlerlaufbahn an. Erfolg zu jedem Preis?
Ein anderes Beispiel für die Schattenseiten des Sports sind die Hooligans. Nur zu oft hört man in den Nachrichten wieder brutale Ausschreitungen dieser sogenannten „Fans", die oft nur ein Fußballspiel besuchen, um sich mit den gegnerischen Fans prügeln zu können. Solche Exzesse kommen den Verein teuer zu stehen. Spielverbote im eigenen Stadion und saftige Geldstrafen sind mögliche Folgen. Extreme Beispiele waren die lebensgefährlichen Verletzungen eines französischen Polizisten während der Fußball-WM in Frankreich durch deutsche Hooligans und der Mord von kolumbianischen Fanatikern an einem Nationalspieler, weil er bei der WM in den USA 1994 ein Eigentor erzielte. Auch Morddrohungen gegenüber Trainern der Fußballbundesliga sind leider keine Seltenheit mehr.
Rückblickend finde ich aber, dass der Sport für viele Menschen eine Bereicherung des Lebens ist und die positiven Aspekte überwiegen. Für mich ist ein Leben ohne Sport undenkbar. Seit vielen Jahre spiele ich im Fußballverein. Daneben jogge ich regelmäßig, was ich auch noch in fortgeschrittenem Alter machen kann. Ich kann sagen, dass Sport mein Leben in positivem Sinn verändert hat.

Sebastian P. (M10 b)

D Name: ______________________ Datum: ______________

Textblatt
Moskitonetze gegen Malaria
Afrika startet Programm zur Bekämpfung des Tropenfiebers

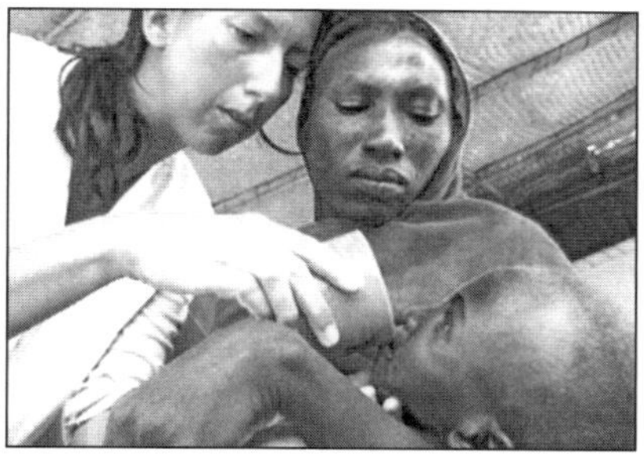

Jeden Tag sterben rund 3000 Kinder unter fünf Jahren daran; die Krankheit ist ein Gesundheitsproblem in 90 Ländern und damit für gut 40 Prozent der Weltbevölkerung: Malaria. Die durch die weibliche Anopheles-Mücke übertragene Parasitenkrankheit tritt entlang der Tropen auf – und wieder einmal ist es der Katastrophen-Kontinent Afrika, den es am schlimmsten trifft. Nach Schätzungen der Weltgesundheitsorganisation (WHO) sind weltweit jedes Jahr bis zu 500 Millionen Menschen davon betroffen – zu 90 Prozent Afrikaner. Auf dem Schwarzen Kontinent sterben jährlich 700 000 Kinder daran.

Während andere Geißeln der Menschheit wie Aids immer wieder Schlagzeilen machen, rafft die Malaria ihre Opfer weitgehend unbeobachtet dahin – obwohl nach wie vor jedes Jahr weit mehr Menschen an Malaria sterben als an Aids. Besonders Kinder, die nicht rechtzeitig behandelt werden, können in weniger als 72 Stunden nach Auftreten der Symptome der Krankheit erliegen. Gerade Afrikas Kinder sind chronische Opfer mit bis zu sechs Malaria-Schüben pro Jahr.

Dennoch wird für die Forschung gegen Aids weltweit ein Vielfaches mehr an Geld und wissenschaftlicher Kompetenz eingesetzt als im Vergleich dazu gegen Malaria. Der Interessenkonflikt liegt auf der Hand: Aids kann uns alle und überall treffen, noch gilt es als unheilbar. Malaria dagegen ist auf die Tropen beschränkt und für uns Glückliche im Norden kurierbar. Daraus folgt: Gegen Aids wird an jeder Ecke, in fast jedem Dorf, allemal in jedem Land Afrikas geforscht. Malaria dagegen bleibt eine Tropenkrankheit, an der vor allem die Menschen sterben, die sich die vergleichsweise billige Medizin nicht leisten können oder in entlegenen Gegenden leben, in denen sie auch mit Geld keinen Zugang zu solchen Arzneien haben.

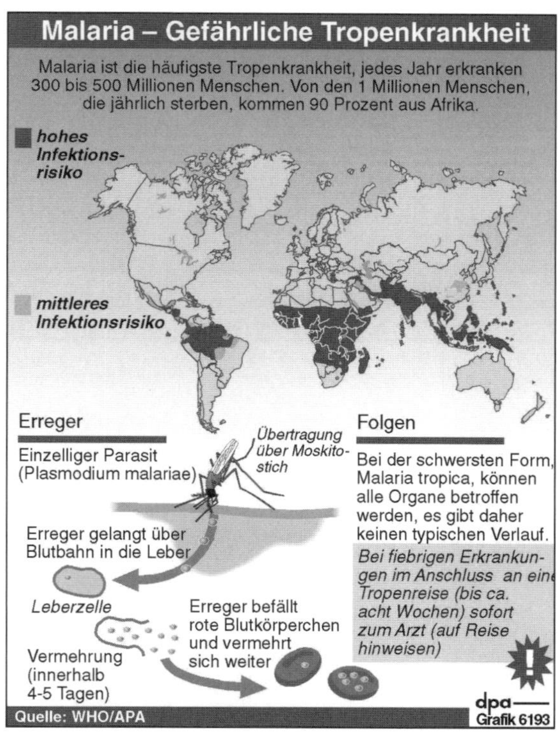

Umso mehr ist es deshalb zu begrüßen, dass unlängst ein großes Programm zur Malaria-Bekämpfung in Afrika gestartet wurde. Dabei wollen die WHO, das Kinderhilfswerk UNICEF und mit beiden im Verbund stehende andere Hilfsorganisationen in den kommenden Jahren mindestens 60 Millionen Moskitonetze verteilen. Denn die mit Malaria infizierten Mücken stechen zumeist nachts. Allein schon, wenn die Kinder unter solchen Netzen schlafen, die zudem mit einem aus einem afrikanischen Baum gewonnenen, für Menschen unschädlichen Insektengift behandelt sind, erkranken sie nur halb so oft an Malaria wie Kinder, die nachts ungeschützt sind. Auf dieses Ergebnis mehrerer Studien machte der Leiter des Anti-Malaria-Programms der WHO aufmerksam. Wenn alle Kinder Afrikas unter solchen Moskitonetzen schlafen könnten, könnte sich dadurch schon die Zahl der Malaria-Toten um ein Viertel dezimieren.

Allerdings stehen die WHO und ihre Partner noch vor einigen Hürden. Denn sie suchen weitere Partner und Sponsoren, um zum einen die Menschen auch über den Nutzen der Netze besser aufklären zu können. Zum anderen wollen sie mehr Netze auch lokal produzieren – um Arbeit zu schaffen, aber auch, um die Kosten zu senken. Derzeit wird ein Moskitonetz noch mit vier Dollar kalkuliert. Wenn alle Einfuhrzölle auf Netze und Insektizide abgeschafft wären und lokal produziert würde, ließen sich diese Kosten halbieren.

Nach: Süddeutsche Zeitung

D | Name: ______________________ | Datum: ______________

Aufgabenblatt
Moskitonetze gegen Malaria
Afrika startet Programm zur Bekämpfung des Tropenfiebers

1. Informieren Sie über wesentliche Aussagen des Textes. 4

2. Nennen Sie zu folgenden Begriffserklärungen die im Text verwendeten Fremdwörter. 3
   a) Anzeichen
   b) angesteckten, verseuchten
   c) Insektengift
   d) stark verringern, durch Verluste schwächen
   e) örtlich
   f) veranschlagt

3. Erklären Sie den Begriff „Katastrophen-Kontinent" (Zeilen 5/6) am Beispiel Afrika. 2

4. „Besonders die Kinder sind die Leidtragenden"
   a) Zitieren Sie vier Textstellen, die dieses Aussage verdeutlichen. 2
   b) Verfassen Sie einen kurzen Leserbrief zu dieser Problematik. 2

5. Zeigen Sie mithilfe der Grafik auf, wie es zu einer Malaria-Erkrankung kommt. 3

6. „Hilfe zur Selbsthilfe" 2
   a) Zitieren Sie die Textstelle, die sich auf dieses Prinzip bezieht. 2
   b) Erläutern Sie dieses Prinzip anhand eines selbst gewählten Beispiels.

7. Hoher medizinischer Standard in unserem Land verleitet manche Menschen dazu, gesundheitliche Gefahren nicht ernst genug zu nehmen. 6
   Führen Sie Beispiele für dieses Verhalten an.

8. Der Autor nennt uns „Glückliche im Norden". (Zeile 18) 10
   Stimmt diese Bezeichnung uneingeschränkt? Erörtern Sie ausführlich.

36

D

Lösungsblatt
Moskitonetze gegen Malaria

zu 1. Inhaltsangabe: 4 (2/2)

In dem Artikel „Moskitonetze gegen Malaria" aus der Süddeutschen Zeitung vom 18. Oktober 1999 geht es um die Bekämpfung des Tropenfiebers in Afrika.
Jedes Jahr erkranken weltweit eine halbe Milliarde Menschen an Malaria. Die von der Anopheles-Mücke übertragene Krankheit gilt als Geißel der Tropen und rafft allein in Afrika jährlich rund 700 000 Kinder dahin.
Um Abhilfe zu schaffen, läuft inzwischen ein groß angelegtes Hilfsprogramm, um die Krankheit in den Griff zu bekommen. Das wurde auch Zeit, nachdem jahrzehntelang Geld nur in die Bekämpfung von Aids gesteckt wurde. Mit der Verteilung von zuerst einmal 60 Millionen Moskitonetzen will man vor allem die Kinder schützen. Vorausgehen muss eine Suche nach geeigneten Sponsoren und eine umfassende Informationskampagne. Wünschenswert wäre eine lokale Produktion der Netze, denn dann könnte man die Kosten halbieren.

zu 2. Fremdwörter: 3 (3/-)

a) Anzeichen = Symptom(e)
b) angesteckten, verseuchten = infizierten
c) Insektengift = Insektizide
d) stark verringern, durch Verluste schwächen = dezimieren
e) örtlich = lokal
f) veranschlagt = kalkuliert

zu 3. „Katastrophen-Kontinent": 2 (1/1)

Der Kontinent Afrika wird von zahlreichen Katastrophen heimgesucht. An erster Stelle steht die Immunschwächekrankheit Aids, an der zurzeit in Afrika allein rund 26 Millionen Menschen erkrankt sind, mit rasend steigender Tendenz. Voriges Jahr starben daran auf diesem Kontinent 2,5 Millionen Menschen. Außer mit Krankheiten wie der Schlafkrankheit, der Bilharziose, dem Dengue-Fieber, dem Gelbfieber und der Hepatitis E hat Afrika mit seinem Klima zu kämpfen. Hungerkatastrophen kehren alljährlich wieder, wenn der Regen ausbleibt und extreme Trockenheit alles verdorren lässt. Viele Länder Afrikas werden der Vierten Welt zugerechnet. Diese Länder sind unvorstellbar arm, können sich nicht selbst versorgen und sind auf Hilfe von außen angewiesen. Nicht genug damit, Afrika ist auch ein unruhiger Kontinent mit zahlreichen Revolten und Bürgerkriegen, die äußerst blutig ausgetragen werden. Leidtragend ist dabei die einfache Bevölkerung.

zu 4. Kinder sind die Leidtragenden: 4

a) Vier Textstellen: (2)

- Jeden Tag sterben 3000 Kinder unter fünf Jahren. (Zeile 1)
- Auf dem Schwarzen Kontinent sterben jährlich 700 000 Kinder. (Zeile 9)
- Besonders Kinder, die nicht rechtzeitig behandelt werden, können in weniger als 72 Stunden nach Auftreten der Symptome der Krankheit erliegen. (Zeilen 12/13)
- Gerade Afrikas Kinder sind chronische Opfer mit bis zu sechs Malaria-Schüben pro Jahr. (Zeile 14)

b) Leserbrief: (1/1)

Helft den Kindern Afrikas!
Wir sind die Glücklichen im Norden und können uns nicht vorstellen, welch unsägliches Leid die Bevölkerung Afrikas und vor allem die Kinder ertragen müssen. Jeden Tag sterben 3000 Kinder unter fünf Jahren allein an Malaria. In einem Tag wäre unser Ort ausgestorben. So viele Tote! Ein Moskitonetz könnte helfen. Mit nur vier Dollar kann man ein

D

Lösungsblatt
Moskitonetze gegen Malaria

zu 4. (Fortsetzung) 4

b) Leserbrief: (2/2)

Kinderleben retten. Das sind etwa drei Euro. Schäme sich der, dem das zu viel Geld ist. Ich war in Afrika und habe vor Ort tatenlos zusehen müssen, wie Kinder innerhalb von drei Tagen an Malaria gestorben sind. Jede ärztliche Hilfe kam zu spät. Es ist an der Zeit Gutes zu tun. Spenden Sie an das Kinderhilfswerk UNICEF. Überweisungsformulare erhalten Sie in jeder Bank.

Werner Müller (Arzt)

zu 5. Grafik: 3

Der Erreger der Malaria, ein einzelliger Parasit, gelangt durch den Stich der weiblichen Anopheles-Mücke in die Blutbahn des Menschen und von dort in die Leber. Dort vermehrt er sich innerhalb von etwa fünf Tagen und befällt dann die roten Blutkörperchen, in denen er sich weiter vermehrt. Nach Ausbruch der Krankheit können alle Organe des Körpers befallen werden. (2/1)

zu 6. „Hilfe zur Selbsthilfe": 4

a) Zitat Textstelle: (2)

„Zum anderen wollen sie mehr Netze auch lokal produzieren – um Arbeit zu schaffen, aber auch, um die Kosten zu senken." (Zeilen 43/44)

b) Beispiel: (1/1)

Bislang habe ich meiner Freundin Michaela die Hausaufgaben in Mathematik abschreiben lassen, denn sie ist in diesem Fach nicht gut. Jetzt aber setze ich mich mit ihr hin, um ihr den Rechenweg zu erklären. Inzwischen schafft sie es, ihre Hausaufgaben allein zu machen.

zu 7. Gesundheitliche Gefahren werden in Deutschland nicht ernst genommen. 6

Mindmap: (anstelle einer ausformulierten Lösung) (3/3)

D

Lösungsblatt
Moskitonetze gegen Malaria

zu 8. Erörterung: 10 (6/4)
Cluster: (anstelle einer ausformulierten Lösung)

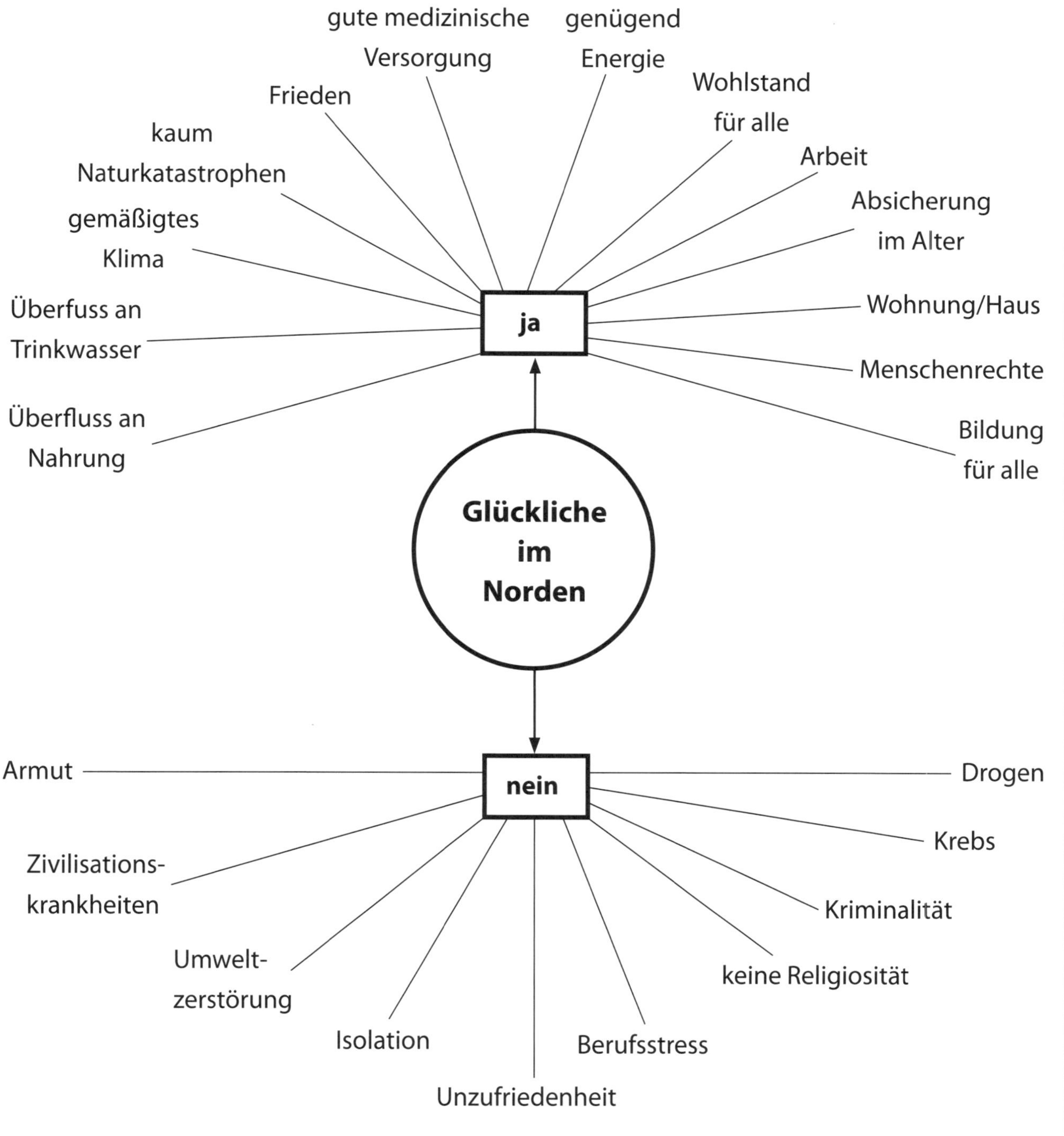

D

Lösungsblatt
Moskitonetze gegen Malaria

zu 8. Mustergliederung: (anstelle einer ausformulierten Lösung)

A) Einleitung

Aktuelles: Hunger- und Dürrekatastrophen in Afrika (Äthiopien)
Norden als nördliche Halbkugel der Erde mit vorwiegend Industrienationen
Themafrage:
Stimmt die Behauptung, dass wir die Glücklichen im Norden sind, wirklich uneingeschränkt?

B) Hauptteil

I. Nein, wir sind nicht die Glücklichen im Norden:

1. Drogen und Kriminalität, vor allem in den Großstädten
2. Zerstörung der Umwelt (Abgase, Müll, Klimakollaps)
3. Zunehmende Isolation der Menschen
4. Unzufriedenheit und Berufsstress
5. Armut von Randgruppen
6. Zivilisationskrankheiten (Fettsucht, Herz- und Kreislauferkrankungen, Krebs)
7. Glaube und Religion immer unwichtiger (Diesseitsbezug, Betonung des Materiellen)

II. Ja, wir sind die Glücklichen im Norden:

1. Arbeit und Wohlstand für fast alle Menschen
2. Menschenwürdiges Wohnen mit genügend Energie
3. Überfluss an Wasser und Nahrung
4. Gemäßigtes Klima (keine extremen Dürren, Überschwemmungen, Wirbelstürme u. a.) und kaum Naturkatastrophen
5. Gute medizinische Versorgung (Ärzte, Krankenhäuser)
6. Menschenrechte und Gesetze (Demokratie)
7. Frieden (kein Krieg)

C) Schluss

Beantwortung der Themafrage
Eigene Meinung
Ausblick in die Zukunft
(Große Kluft zwischen Entwicklungs- und Industrieländern birgt gewaltigen Zündstoff)

36

D Name: ______________________ Datum: ______________________

Textblatt
Leben im Ausnahmezustand

Marina ist 14. Ihr großer Traum ist, in Amerika eine Karriere als Pop-Star zu machen. Englisch ist also angesagt, auch Musik- und Gesangsunterricht, da zeigt sie sich relativ gut organisiert. Eigentlich wirklich „high" fühlt sie sich nachmittags, wenn sie den Kopfhörer aufhat und die Lieder rauf und runter mitsingen kann. Gegen das Fieber dieses einen Augenblicks, der sich bei einem möglichen eigenen Auftritt ins Unendliche potenzieren würde, kann wenig bestehen, Familie und Schule werden Randphänomene. Die Koordinaten verschieben sich, das bisherige Gefüge ihrer Welterfahrung bricht auseinander, sie setzt aufs Unbekannte, Verheißungsvolle, Sagenhafte.

Was passiert eigentlich, wenn wir Fieber haben? Fieber kommt über uns. Es ist ein Mittel des Körpers mit Krankheitserregern fertig zu werden. Die erste Phase ist die der Hitze, in der alle sonstigen Körperfunktionen heruntergefahren werden. Man hat kein Bedürfnis nach Essen, Unterhaltung oder Kontakt. Rückzug ist angesagt und höchste Konzentration, die den Körper durch eine Beschleunigung der Durchblutung, des Stoffwechsels und der Abwehrfunktion zu Höchstleistungen führt. Darauf folgt eine Phase des Temperaturrückgangs, der Entspannung, Beruhigung und Stabilisierung. Zum Fiebern als Erlebnisweise gehört wie zum echten Fieber die Hitze. Hinzu kommen noch Erregtheit, Intensität, leidenschaftliches Verlangen und eine außerordentliche Spannung auf etwas hin.

Die Jugendlichen steigern sich so in ihre Tätigkeit hinein, dass – wie beim echten Fieber – alles andere zurückgenommen wird. Essen und Trinken, Schlafen und der normale Tagesablauf erscheinen unwichtig, geradezu belanglos. Eine regelrechte Suche nach dieser Erfahrung kann sich daraus ergeben. Das Rauschhafte dieses Zustands, in dem der rationale Überblick verloren zu gehen scheint, kann sich in Bezug auf vielfältige Dinge, Menschen und Tätigkeiten einstellen. Das können Sexualität, die Macht der Triebe und Wünsche des Körpers sein; auch Erfahrungen, die mit dem Konsum von Drogen und Alkohol zusammenhängen, verstärken das „Fiebern".

Das eigene Motorrad oder Auto, allein oder mit Freunden verreisen, Abenteuer erleben, sich Risiken aussetzen, sich in einer exzessiven Weise ausprobieren, den „Flow" spüren: All das gehört zum Phänomen des Fieberns, des sich in eine Sache vollständig Hineingebens, ganz gleich, was daraus werden wird. Das wird sogar statistisch fassbar, wenn man nach den häufigsten Todesursachen von Jugendlichen fragt: Das sind Verkehrsunfälle, die auf eigenes riskantes Verhalten zurückgehen.

Warum nur gehen Jugendliche bis an ihre Grenzen und darüber hinaus, warum setzen sie ihr Leben aufs Spiel? Jeder Jugendliche muss irgendwann den Schutz seines Elternhauses verlassen, um sein eigenes Leben zu führen. Das „Aus-fort-weg-Gehen" ist ein zentrales Thema als erster Schritt im Kampf um Selbstständigkeit. Gegen das sein, was die Erwachsenen verkörpern – gegen den Krieg, gegen Kernkraftwerke oder gegen bürgerliche Langeweile – ist wichtig, nur nicht normal sein. Alte Strukturen verlieren ihre Gültigkeit, ohne dass noch recht klar ist, wie und wohin es gehen soll.

Gesucht wird ein „Selbstkonzept" oder, anders gesagt, ein Beruf, eine Perspektive, erst einmal eine Richtung, die das Leben nehmen kann. Diese ist heute nicht mehr vorgegeben. So entsteht die Notwendigkeit sich selbst auf den Weg zu machen: fieberhaft und mit großer Leidenschaft Lebensentwürfe und Klamotten ausprobieren, sich verlieben, die Welt rosarot sehen, sich ins eine und andere stürzen, mit voller Kraft, und dann sehen, ob's auch trägt. Wer bin ich? Es geht ums Ganze.

D Name: ______________________ Datum: ______________________

Das Fiebern dauert unter Umständen nicht 24 Stunden am Tag und auch nicht jeder Tag ist fiebrig. Dazwischen: abwarten, rumsitzen, nicht wissen, unsicher sein, nachdenken, gelähmt sein, sich verkriechen, träumen.

Dann tut sich wieder was auf, was den vollen Einsatz lohnt. Das Finden von etwas Befriedigendem, Tragfähigem vollzieht sich auf einer anderen Ebene und mittels anderer Energien, die durch das Fieber mobilisiert werden. Ob es gelingt, ist offen, denn die Gefahr besteht, sich in einer Leidenschaft zu verfangen, den Boden unter den Füßen zu verlieren.

Fiebersenkende Mittel, das können Pädagogen von Medizinern lernen, sind nur bei sehr hohen Temperaturen angebracht. Wichtiger ist es zu lernen das Fieber zu „nutzen". Das Fieber geht etwa in Form des Lampenfiebers all jenen Situationen voraus, die nicht vorwegnehmbar, nicht regierbar sind: der Auftritt des Musikers oder Schauspielers, der Wettkampf des Sportlers, der erste Tag mit einer neuen Klasse oder ein unlösbar erscheinendes Problem für einen Forscher. Eine Spannung entsteht, ob es gelingt, ob man es kann. Alle kreativen Prozesse beginnen da, wo die vermeintliche Unmöglichkeit überwunden wird. Hierfür braucht man die durch das Fieber freigesetzte Energie, die den Körper und den Geist auf Hochtouren bringt.

Nach: Ursula Stenger: Leben im Ausnahmezustand.
In: Schüler, Körper, Seiten 88-90

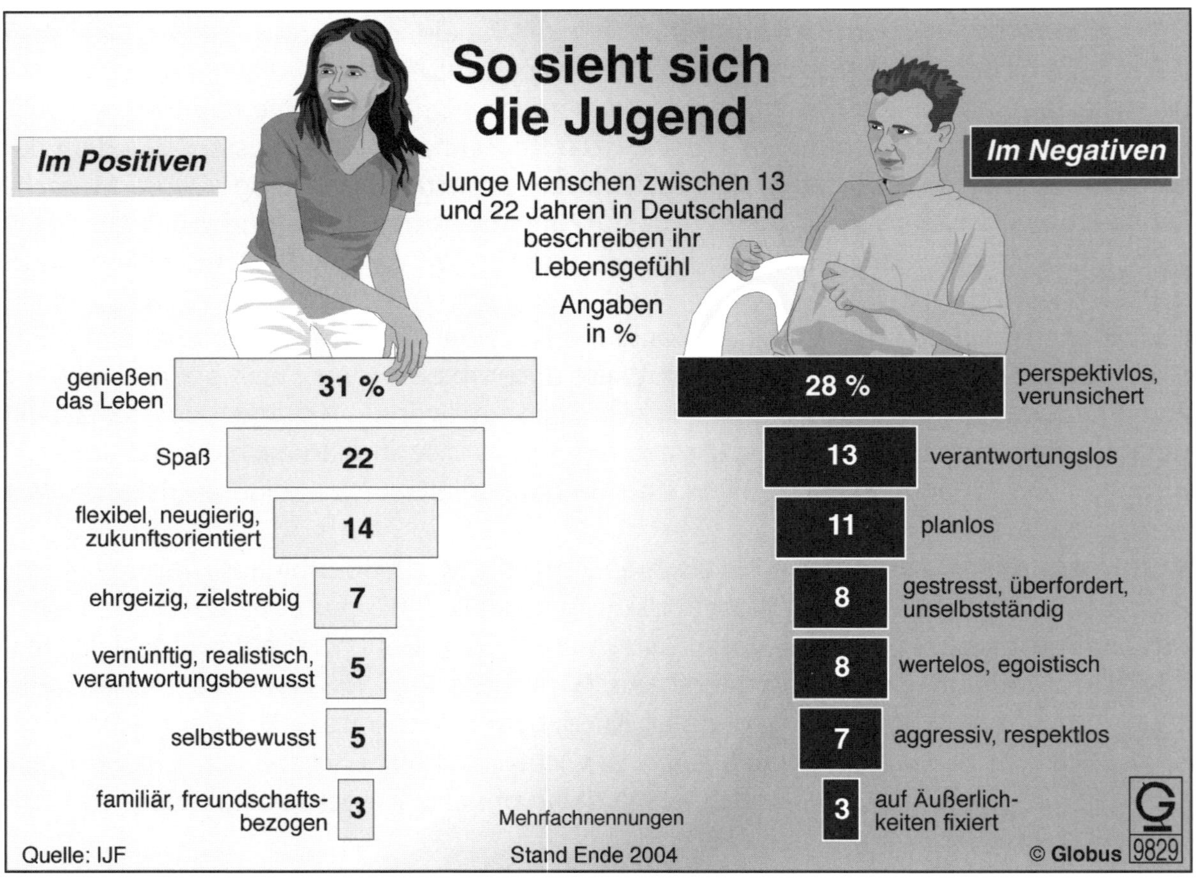

D	Name: ____________	Datum: ____________	

Aufgabenblatt
Leben im Ausnahmezustand

1. Erklären Sie die Überschrift. 2

2. Folgende Begriffe kommen im Text als Fremdwörter vor: 2
   a) steigern, verstärken
   b) Stärke, Kraft, Wirksamkeit
   c) Erscheinungsform
   d) Aussicht, Blickwinkel
   Ordnen Sie diese entsprechend zu.

3. Die drei Bilder auf den Textseiten haben etwas mit dem Thema zu tun. Beschreiben Sie in je einem Satz, was diese Bilder zeigen. 3

4. Der Begriff „Fiebern" wird in zwei verschiedenen Bedeutungen verwendet. Erklären Sie diese mit eigenen Worten. 4

5. „ ... sich in einer exzessiven Weise ausprobieren, ..." (Zeile 29) 3
   Dieses „Ausprobieren" kann für den Betroffenen und andere schwer wiegende Folgen haben. Zeigen Sie das an einem Beispiel auf.

6. „Dann tut sich wieder was auf, was den vollen Einsatz lohnt." (Zeile 52) 2
   Beschreiben Sie eine Situation aus Ihrem Erfahrungsbereich, auf die diese Aussage zutrifft.

7. „ ..., nur nicht normal sein." (Zeile 39) 4
   Dieses Bestreben wird den Jugendlichen unterstellt.
   Stimmen Sie dieser Behauptung zu? Begründen Sie Ihre Meinung.

8. Jugendliche setzen häufig „aufs Unbekannte, Verheißungsvolle, Sagenhafte". (Zeilen 7/8) 6
   Medien greifen diese Tatsache auf und übernehmen damit eine große Verantwortung. Erläutern Sie.

9. Erwachsen werden in grenzenloser Freiheit? 10
   Erörtern Sie ausführlich.
   Die Grafik kann Ihnen helfen, einen treffenden Einleitungs- und Schlussgedanken zu finden.

36

D

Lösungsblatt
Leben im Ausnahmezustand

zu 1. Erklärung der Überschrift: | 2 (1/1)

Ein „Leben im Ausnahmezustand" ist nicht gelebte Normalität, sondern etwas Neues, Unerwartetes, Überraschendes. Man führt sein Leben nicht so wie die Masse. Oft wird auf wichtige Grundbedürfnisse verzichtet, um ein neues, unbekanntes und intensiveres Lebensgefühl zu erlangen. Aus der Normalität ausbrechen, Abenteuer und Risiken erleben, den „Kick" spüren – das ist die Maxime der Jugend, die alles sein will, bloß nicht normal.

zu 2. Fremdwörter: | 2 (2/-)

a) steigern, verstärken = potenzieren
b) Stärke, Kraft, Wirksamkeit = Intensität
c) Erscheinungsform = Phänomen
d) Aussicht, Blickwinkel = Perspektive

zu 3. | 3 (3/-)

Das erste Bild zeigt, wie ein Jugendlicher gerade mit Speiseöl „abgefüllt" wird. Das zweite Bild zeigt ein Mädchen, das versucht, ihren Busen besser zur Geltung zu bringen. Das dritte Bild zeigt zwei junge Frauen, die alkoholisiert und halb bekleidet tatenlos am Boden sitzen.

zu 4. Begriff „Fiebern" | 4 (2/2)

In „Fiebern" steckt das Wort „Fieber", das im ursprünglichen Sinn eine Reaktion des Körpers bei der Abwehr von Krankheitserregern ist. Die Temperatur kann dabei über 40 °C steigen. Daneben spricht der Autor das Verzichten auf Grundbedürfnisse wie Essen, Trinken oder Kontakt an.

Im übertragenen Sinn bedeutet der Begriff „Fieber" Aufgeregtheit, Erregtheit, Intensität und leidenschaftliches Verlangen. Emotionen kommen ins Spiel. Der Wunsch nach etwas ist so groß, dass sich Körper und vor allem Geist nur noch auf diese eine Sache konzentrieren. Man wird heiß, beginnt zu schwitzen, Temperatur und Herzfrequenz steigt und man meint, wirklich Fieber zu haben.

zu 5. | 3 (2/1)

Im Bereich der Drogen kann sich der Jugendliche in einer exzessiven Weise ausprobieren. Allerdings kann das für ihn selbst und seine Familie schwerwiegende Folgen haben.

Viele junge Menschen haben Spaß am Leben und meinen, dass dazu auch Haschisch oder Marihuana gehören. Folgen des Drogenkonsums sind oft Abhängigkeit und die Sucht, härteren Drogen wie Heroin oder Ecstasy zu konsumieren. Das kann tödlich enden. Wenn nicht, wird man zumindest körperlich und seelisch krank und isoliert sich von der Gesellschaft. Fehlt Geld, um Drogen kaufen zu können, wird man kriminell. Man bricht ein, dealt oder schafft an. Schließlich baut sich ein schlimmer Teufelskreislauf auf, aus dem nur wenige entfliehen können. Konsequenzen dieses Ausprobierens betreffen aber auch die Angehörigen. Sie haben Angst, ihr Familienmitglied zu verlieren und müssen oft teure Entziehungskuren mitfinanzieren. Vor allem die Eltern werden psychisch und physisch enorm belastet, werden unter Umständen sogar krank und haben keine ruhige Minute mehr.

zu 6. | 2 (1/1)

Im April nächsten Jahres will ich mit meiner Freundin verreisen. Da es für uns beide der erste Urlaub ohne erwachsene Aufsichtspersonen oder Eltern sein wird, versuchen wir schon seit Monaten unsere Eltern zu überzeugen, dass hier nichts passieren kann. Das nötige Geld haben wir zusammen. Unser Reiseziel, Ägypten, haben wir schon gebucht.

D

Lösungsblatt
Leben im Ausnahmezustand

zu 6. (Fortsetzung)

Mit Engelszungen redeten wir auf unsere Eltern ein, uns doch endlich fahren zu lassen. Mit sprichwörtlich letztem Einsatz unter Darlegung unserer Reiseroute, der Unterbringung in einem Fünf-Sterne-Hotel und der Versicherung, keine sexuellen Eskapaden zu unternehmen, gelang es uns schließlich, das Einverständnis der besorgten Eltern zu erreichen. Wir sind schließlich 17 Jahre alt und damit fast schon erwachsen.

zu 7. „ ..., nur nicht normal sein." Stimmt diese Behauptung? (ja oder nein oder teils/teils) 4 (2/2)

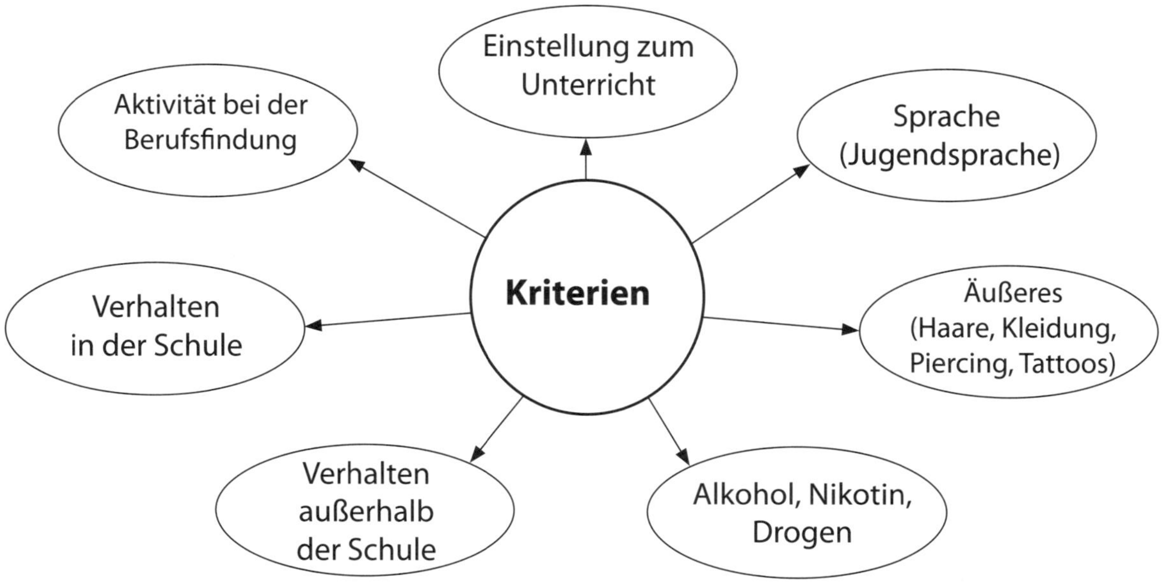

Viele ältere Menschen unterstellen den Jugendlichen Rowdytum und schlechtes Benehmen. Sie schimpfen über die junge Generation und haben dabei eine ganze Menge Vorurteile. Stimmt es denn wirklich, dass Jugendliche nicht normal sein wollen?
Meiner Meinung nach stimmt diese Behauptung nur zum Teil. Vor allem auf dem Land sind Kinder und Jugendliche ausgeglichen und wollen normal sein. Diese Tatsache begründet sich darauf, dass das Leben hier auf dem Land ruhiger und weniger stressig ist als z. B. in einer Großstadt. Hier bilden sich keine Gangs, die sich von anderen abgrenzen wollen. Außerdem sind die Hauptschulen von Kriminalität nahezu frei und Deutsche und Ausländer verstehen sich überwiegend gut. An unserer Schule gab es noch nie kriminelle Ausschreitungen.
Viele Jugendliche verhalten sich auch normal, weil sie ihre positiven Zukunftsaussichten in Bezug auf Schule und Beruf nicht gefährden wollen. Oft haben diese jungen Leute schon konkrete Pläne, was ihren Beruf angeht. Hierfür arbeiten sie in der Schule, um später die beruflichen Wünsche zu realisieren. Diese Jugendlichen wollen gar nicht einen ganz anderen Weg gehen und nicht normal sein. Diese Gruppe Heranwachsender kommt oft auch aus geregelten Verhältnissen, wo es noch in der Familie stimmt. Meine Schwester z. B. möchte studieren und arbeitet dafür ausdauernd und hart.
Im Gegensatz dazu gibt es aber einen gewissen Anteil an Jugendlichen in der Gesellschaft, die nicht der Norm entsprechen. Sie tun sich zusammen und grenzen sich ab, was man an der Kleidung, den Haaren und dem Piercing sieht. Auch die Sprache ist anders, oft unsinnig, nichtssagend, aggressiv und ordinär. Häufig gehen diese Merkmale einher mit einer Null-Bock-Einstellung auf Schule und Beruf. Natürlich tun sich diese Leute schwer, einen vernünftigen Beruf zu finden. Die Perspektiven sind logischerweise düster: Arbeitslosigkeit und schlecht bezahlte Gelegenheitsjob. Der Einstieg in Hartz IV ist vorgezeichnet.

D

Lösungsblatt
Leben im Ausnahmezustand

zu 7. (Fortsetzung)

Auch jugendliche Neonazis gehören zu den Gruppierungen, die außerhalb des Normalen liegen. Sie haben das Ziel, viele Gleichgesinnte zu finden, um mit schlimmen Parolen und Gewalt gegen ausländische Mitbürger vorzugehen.
Trotz dieser Randgruppen verhalten sich die meisten Jugendlichen der Norm entsprechend und versuchen, sich in die bestehende Gesellschaft zu integrieren.

zu 8. 6 (3/3)

Die Medien wie Fernsehen, Radio, Internet oder Zeitungen versuchen das Interesse der Jugendlichen am Unbekannten, Verheißungsvollen und Sagenhaften auszunützen.
Medien versprechen und suggerieren in bestimmten Sparten der Werbung dem Jugendlichen neue Erlebnisse, die er durch den Kauf der Produkte erfahren kann. Die Werbebranche will damit ihren Umsatz steigern. Die Werbespots sind psychologisch äußerst raffiniert gemacht, weil sie dem Konsumenten das Verlangen nach Abenteuer, Glitzerwelt und Fernweh suggerieren und ihm Glauben machen, der Kauf des beworbenen Produkts sei seine freie Entscheidung. Wenn es um Zigaretten und alkoholische Getränke geht, wird es bedenklich, denn hier geht es um die Gesundheit des Jugendlichen, der sich von dieser Art Werbung besonders angesprochen fühlt. Noch darf in Kinos für Tabakwaren geworben, in allen Medien noch Alkoholisches angepriesen werden.
Auf diesem Sektor werden die Medien ihrer Verantwortung nicht gerecht. Klar doch, wo es um Unmengen von Geld geht. Vernünftigerweise hat der Gesetzgeber vor, das alles zu verbieten, denn trotz verführerischer Bilder wird letztendlich die Gesundheit des Konsumenten ruiniert.
Medien werben auch für Trends in Sachen Sport, Spaß und Unterhaltung. Die neuesten Sportarten werden angekündigt, aber laut Slogans nur für Kids, die „wirklich mutig sind und es allen zeigen wollen". Wer fühlt sich da als Heranwachsender nicht in seiner Ehre gepackt? Ausprobieren heißt die Devise – mit oft schweren Verletzungen als Folge des jugendlichen Draufgängertums.
Geworben wird in den Medien für die sogenannten „Dickmacher". Bevorzugter Adressat ist die heranwachsende Generation, die sich immer ungesünder ernährt und immer dicker wird. Auf der anderen Seite wird aber in den Medien das Schönheitsideal des jungen, superschlanken, mit tollem Busen und perfekt gestylten Models präsentiert, dem natürlich vor allem junge Mädchen nacheifern. Diesen Zwiespalt können viele, vor allem weibliche Jugendliche, nicht bewältigen, sie fangen extrem zu hungern an. Essstörungen einschließlich Bulimie bis hin zur Magersucht sind lebensgefährliche Folgeerscheinungen.
Bedenklich ist auch, dass die Zahl der Schönheitsoperationen gerade bei pubertierenden Mädchen und Jungen sehr stark zunimmt. Mehr Verantwortung auch in dieser Hinsicht wäre den Medien zu wünschen. Da helfen keine Gesundheitsreports, wenn die Werbebranche weiterhin so raffiniert sich in den Gehirnen Jugendlicher festsetzt und ihnen Glück, Liebe, Schönheit und Erfolg verheißt.
Fernsehsendungen wie „Deutschland sucht den Superstar" lassen Zehntausende von Jugendlichen aus unserem Land zu Massencastings anreisen. Nur eine Handvoll kann sich den Traum eines Plattenvertrages verwirklichen, der große Rest reist enttäuscht, oft zutiefst deprimiert nach Hause. Manche Jugendliche werden dadurch aus ihrer Bahn geworfen und verlieren den Blick für die Realität.
Für Medien geht es nur um Einschaltquoten, die auf oft verantwortungslose Art und Weise in die Höhe geschraubt werden. Der Einzelne zählt nicht, der sensible Jugendliche scheitert, oft genug dann auch im Leben.

Lösungsblatt
Leben im Ausnahmezustand

zu 9. Gliederung: 10 (6/4)

A) Einleitung
Erwachsen vor dem Gesetz
Führerschein mit 17 Jahren
Welche Vor- und Nachteile hat das Erwachsen werden in grenzenloser Freiheit?

B) Hauptteil
I. Erwachsen werden in grenzenloser Freiheit bringt Vorteile mit sich:
1. Erlernen von Unabhängigkeit und Selbstständigkeit
2. Schnellere geistige Entwicklung und Reife
3. Einstellung auf ein Leben ohne Eltern

II. Erwachsen werden in grenzenloser Freiheit bringt Nachteile mit sich:
1. Respektlosigkeit vor Autoritätspersonen
2. Stärkere Neigung zur Kriminalität
3. Keine Manieren durch schlechte (oder gar keine) Erziehung

C) Schluss
Viele Minderjährige sind schon Eltern
Eigene Meinung

zu 9. Erörterung:

Erwachsen werden in grenzenloser Freiheit?
Wann ist man erwachsen? Laut Gesetz erst mit 18 Jahren. Körperlich sicherlich schon viel früher. Geistige Reife kommt oft erst später und bedarf einer gewissen Lebenserfahrung. Inzwischen dürfen Jugendliche etwas länger ausgehen und schon mit 17 Jahren den Führerschein machen und Auto fahren. Ist es sinnvoll, dem Jugendlichen so viel Freiraum zu geben? Viele jungen Leute wollen noch mehr Freiheit. Welche Vorteile bringt Erwachsen werden in grenzenloser Freiheit? Gibt es auch Nachteile?
Als erstes möchte ich mich mit den Vorteilen befassen. Dabei spielt das Erlernen von Unabhängigkeit und Selbständigkeit durch ein Erwachsen werden in grenzenloser Freiheit auf jeden Fall eine wichtige Rolle. Frei bin ich als Jugendlicher nur dann, wenn ich mich aus der Obhut der Eltern entferne und in eine eigene Wohnung ziehe. Dort lerne ich ganz schnell auf mich selber aufzupassen und für mich selber zu sorgen. Das ist natürlich während der Schulzeit allein schon aus finanziellen Gründen nicht möglich, aber mit dem Eintritt ins Berufsleben realisierbar. Ich muss mir mein Essen selber kochen, wenn ich nicht zum Essen gehe, was auf Dauer zu teuer wird. Die Wäsche wird nicht von meiner Mutter gewaschen, dass muss ich selber tun. Man wird in kurzer Zeit selbständig. Auf der anderen Seite hält mich niemand an, mein Zimmer aufzuräumen. Kehrt allerdings Unordnung ein, ist es viel mühsamer, wieder Ordnung zu schaffen. Da ist es doch besser, alles gleich sauber zu halten.
Wenn von Unabhängigkeit und Selbständigkeit die Rede ist, darf natürlich auch die schnellere geistige Entwicklung und die damit verbundene Reife nicht vergessen werden. Bin ich als Jugendlicher allein auf mich gestellt, lerne ich erheblich schneller den verantwortungsvollen Umgang mit Geld. Ich kaufe zielbewusst ein, weil ich den Wert des Geldes besser zu schätzen weiß, wenn ich nur eine begrenzte Menge zu Verfügung habe. Ich teile mir mein

Lösungsblatt
Leben im Ausnahmezustand

zu 9. (Fortsetzung Erörterung)

Geld genau ein und wäge ab, was und wie viel ich mir kaufen kann. Exklusive Kosmetik, eine teure Jeans – keine Chance wie zu Zeiten, wo meine Eltern mir finanziell unter die Arme gegriffen haben. Dem trauere ich aber auch nicht nach. Ich bin zufriedener, wenn ich weiß, dass ich es selber bin, der sein Leben gestaltet und meistert.
Von Vorteil ist auch, dass ich mir meine Freunde selber aussuchen kann, ohne dass meine Eltern hier ständig ihre Kommentare abgeben. Meine Wohnung steht offen, ich brauche nicht mehr zu fragen, ob es gestattet ist, dass mich mein Kumpel besuchen kommt. Und wenn's dann etwas länger wird, sagt niemand etwas oder blickt anschließend leicht vorwurfsvoll auf die Uhr.
Grenzenlos frei zu sein kann wirklich faszinierend, aber auch gefährlich sein. Grenzenlose Freiheit ist in einer Gesellschaft nicht realisierbar. Sie hört dort auf, wo man das Leben der Mitmenschen beeinträchtigt oder gar gefährdet. Dafür gibt es Gesetze, die einem zeigen, wie weit man in seinem Freiheitsdrang legal gehen darf. Musik zu nächtlicher Stunde in ohrenbetäubender Lautstärke zu hören, ist nicht erlaubt, wenn die Nachbarn in ihrer Nachtruhe gestört werden – Freiheit hin oder her.
Jugendliche, denen von der Erziehung her keine Grenzen gesetzt werden, sind gegenüber Autoritätspersonen häufig respektlos. Umgangsformen und Umgangston lassen dann zu wünschen übrig. Gerade in der Schule, manchmal auch im Beruf gibt es Schwierigkeiten und Auseinandersetzungen mit Lehrern oder Vorgesetzten, weil sich die Jugendlichen nicht an gewisse Regeln halten. Rauchen in der Schule oder am Arbeitsplatz ist nun einmal verboten. Wer sich nicht daran hält, wird abgemahnt und bestraft.
Grenzenlose Freiheit fördert die Kriminalität. Sieht man seine Grenzen nicht, gleitet man oft in kriminelle Bahnen ab. Begünstigt wird dies noch durch falsche Freunde, die Verantwortungslosigkeit vorleben und z. B. alte Menschen überfallen oder Schlägereien anzetteln.
Eltern können nicht mehr als Vorbilder dienen, wenn sie ihren Kindern ein Leben in grenzenloser Freiheit erlauben. Sie werden dann auch unglaubwürdig, wenn sie zu reglementieren beginnen und einschreiten wollen, wenn Fernseher, PC und Clique einen höheren Stellenwert besitzen als Schule oder Beruf.
Ich denke, dass es wichtig ist, wenn Eltern ihren Kindern Zeit und Freiheit geben, um sich individuell entwickeln zu können. Heranwachsende sollen nicht Kopien der Mutter oder des Vaters werden.
An der Tatsache, dass viele Minderjährige im Alter von 15 und 16 Jahren schon eigene Kinder haben, sieht man, dass es oft besser ist, wenn Jugendliche von Eltern eine gewisse Zeit „überbeschützt" werden, um sie vor solchen Schicksalen zu bewahren.

Romana M. (M10 b)

D Name: ______________________ Datum: ______________________

Textblatt
Wir von unserer Clique

Liebes Tagebuch, du weißt, ich bin ein introvertierter Typ, der nicht so leicht Anschluss findet, aber das ist jetzt vorbei. Sie haben mich in ihre Clique aufgenommen. Ich bin sehr froh, dass ich nicht mehr allein bin. Wir unternehmen immerzu was und ich hab nie mehr Langeweile.

Angefangen hat es damit, dass die Eva mich nach dem Turnen angequatscht hat, ob ich ihr mal meine Pumpe leihen tät. Ich lasse nämlich die Pumpe immer am Rad, obwohl sie schon zweimal geklaut worden ist und alle anderen sie wegmachen. Wie ich aber der Eva die Pumpe geb, merken wir, dass das Ventil geklaut ist und das Ding gar nicht funktioniert. Da hab ich mein Rad neben dem Platten von der Eva hergeschoben, und sie hat mir erzählt, dass sie einen Typ hat, der sie nervt bis zum Gehtnichtmehr, und ich hab gesagt, das kenn ich, so einen hatte ich auch mal, schick ihn doch zum Teufel, und seitdem sind wir Freundinnen.

Die Eva ist immer schick angezogen und hat zu jedem Outfit die passenden Klunker. Da mag ich auch nicht wie eine graue Maus nebenher laufen und hab mir im Schlussverkauf einen neuen Fummel gekauft. Wie wir durch die Isar-Auen geradelt sind, haben wir den Hans mit seinem Mountainbike getroffen. Der hat durch die Zähne gepfiffen und gesagt: Was seid ihr zwei dufte Hasen, eine schöner als die andere! Dann hat er uns am Kiosk ein Eis spendiert, der Charmeur.

Die Hannelore und die Rosi sind auch zwei lustige Nudeln, wenn sie dabei sind, ist immer was los. Dann haben wir noch den Harald und die Uschi, die ein so wahnsinnig glückliches Paar sind, dass es schon manchmal nervt. Sie kennen sich schon seit dem Kindergarten und sagen, es hätte nie ein Problem gegeben und sie hätten nichts anderes ausprobieren müssen, weil sie einfach füreinander geschaffen sind. So was gibt's also auch.

Dann haben wir noch den Detlev, der ist sehr gescheit und spielt gern den Anführer, was uns nicht immer passt, aber er weiß wirklich viel und kennt sich mit den Wegen aus, wenn wir mit den Rädern unterwegs sind. Und dann den kleinen Gipsy. Der Gipsy hängt oft hinten hinaus, weil er nur ein kleines Radl hat und nicht so schnell kann, aber wir warten schon auf ihn. Dafür kann er so herrlich Witze erzählen, dass wir uns halb totlachen. In unserer Stammkneipe lassen wir oft solche Lachsalven los, dass die Leute sich umdrehen. Aber wenn sie sehen, was für eine nette Clique wir sind, lächeln sie ganz freundlich.

Überhaupt sind eigentlich alle Leute immer wahnsinnig nett zu uns, sogar die Autofahrer. Wenn wir in der Crew daherkommen, lachen sie immer und winken uns zu. Kürzlich hat sogar einer angehalten und den Gipsy vorbeigelassen, obwohl schon längst Rot war, aber er hat halt gesehen, dass der Gipsy zu uns gehört und nicht so schnell kann.

Meine Leute, die sonst nie Zeit für mich haben, haben auf einmal angefangen zu motzen und finden es gefährlich, wenn wir immer in Eigenregie unterwegs sind. Da könnte doch leicht was passieren, meinen sie. Und es gäbe doch so viele schöne Freizeitangebote, wo wir gut betreut würden und viel Schönes erleben könnten. Wir wollten da nicht hin, aber damit sie Ruhe gaben, sind die Eva und ich doch einmal zu so einer Freizeit mitgegangen.

Da waren so zwei Schlaffis, die uns mit unendlich milden Stimmen angeredet haben und schön langsam und deutlich, damit wir's auch kapieren. Der eine Schlaffi hat uns Knete gegeben zum Rumbatzen, und der andere hat Vorträge über Natur und Umwelt gehalten, was wir zwar alles schon wussten, aber jetzt wissen wir's noch besser. Dann ist ein auch sehr mildes Fräulein gekommen und hat Reigentänze mit uns eingeübt. Einmal haben wir ein Kloster besichtigen müssen, das war schon über 1000 Jahre alt – und als nach zwei Stunden noch nicht einmal 500 Jahre herum waren, ist es der Eva und mir zu dumm geworden, und wir haben uns rausgeschlichen und auf der Klostermauer eine geraucht. Leider hat es doch jemand beobachtet – und als publik war, dass wir rauchen, haben sie uns angeglotzt wie exotische Tiere oder wie Schwerverbrecher. Kurz, einmal und nicht wieder! Wir waren froh, als die Tage rum waren und wir wieder zu unserer alten Clique stoßen konnten.

Da haben wir den Harald trösten müssen. Seine Uschi hat ihn verlassen. Vielleicht hat sie das schon länger vorgehabt, sie war ein bisschen komisch in letzter Zeit. Aber wir haben alle gedacht, das macht sich wieder. Und jetzt ist sie auf einmal weg. Das ist schlimm für den Harald, wo sie doch füreinander geschaffen waren, und die Uschi hat immer alles für ihn gemacht. Jetzt stehen natürlich die Weiber schon Schlange beim Harald, wie immer, wenn einer frei wird, und ich bin gespannt, welche von ihnen den Platz von der Uschi einnehmen darf. Ich jedenfalls nicht, ich bin nicht scharf auf den Harald, der ist mir zu lätschert.

Liebes Tagebuch, dir kann ich es anvertrauen: Ich glaube, ich hab mich ein bisschen in den Detlev verliebt. Wenn er auch ein Macho ist. Aber er hat was. Als wir letzte Woche im Jazzkeller waren, da hat es gefunkt. Beim Trompetensolo hat er auf einmal meine Hand gedrückt. Gestern hat er mein Radl repariert. Er hat zwar lang gebraucht, aber dafür scheppert jetzt gar nichts mehr. Zum Dank hab ich ihm eine selber gemachte Pizza gebracht, mit Artischockenherzen, die haben wir miteinander auf seiner Bude verspeist und dazu Musik gehört, und das Kerzenlicht funkelte in den Rotweingläsern. Und mehr, liebes Tagebuch, schreib ich nicht auf ...

Es heißt, sie wollen den kleinen Gipsy in ein Heim stecken, weil er wieder Dummheiten gemacht hat, aber die macht er ja bloß, weil sich von seinen Leuten keiner um ihn kümmert. Wir haben jetzt ausgemacht, dass sich jeden Tag einer von uns um den Gipsy kümmert, sodass er gar nicht auf dumme Gedanken kommen kann. Der Gipsy gehört einfach zu uns – und das kommt ja gar nicht in die Tüte, dass einer von unserer Clique ins Heim gesteckt wird. Nächsten Monat haben wir gleich zwei runde Geburtstage. Das wird ganz toll gefeiert. Die Rosi wird siebzig und der Gipsy fünfundachtzig.

Nach: Jutta Makowsky: Wir von unserer Clique.
In: Turmschreiber - Geschichten, Gedanken, Gedichte, S. 58 f.

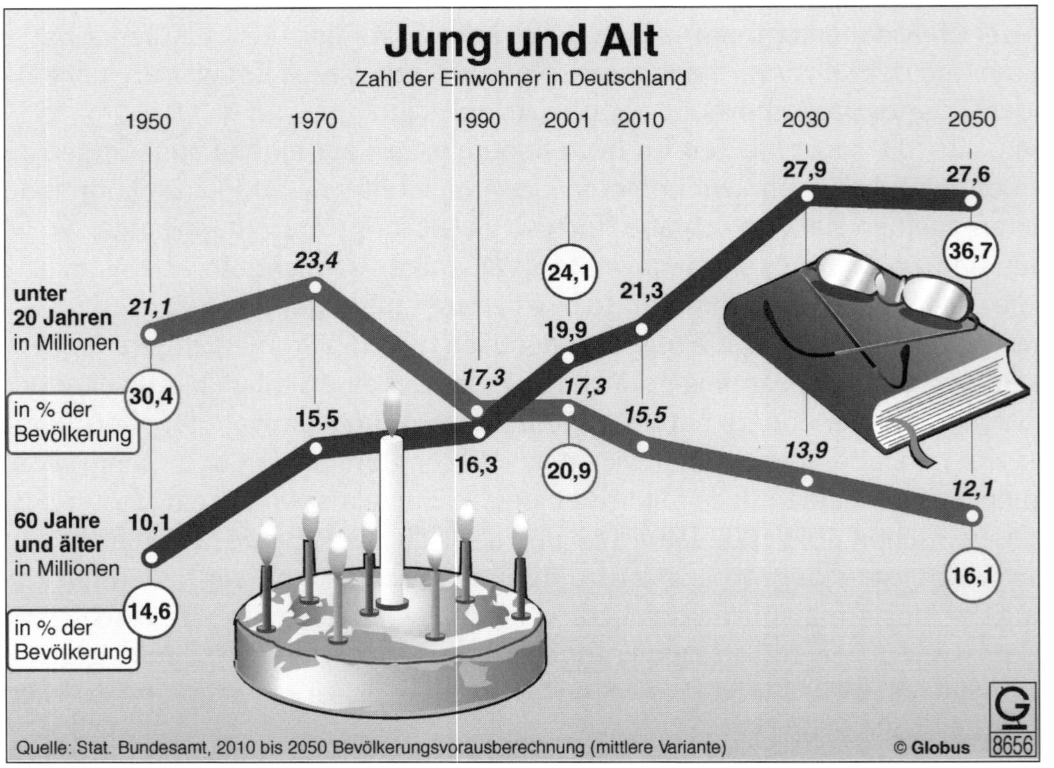

D Name: ____________________ Datum: ____________________

Aufgabenblatt
Wir von unserer Clique

1. Fassen Sie den Inhalt des Textes in wenigen Sätzen zusammen. 4

2. Der Text endet mit einer Überraschung für den Leser. 2
   Erläutern Sie, wie dies der Erzählerin gelingt.

3. Im Text finden Sie bildhafte Ausdrücke. 2
   a) „... schick ihn doch zum Teufel ..." (Zeile 10)
   „... nicht wie eine graue Maus ..." (Zeile 12)
   Erklären Sie die beiden Sprachbilder aus dem Textzusammenhang.
   b) Schreiben Sie aus dem Text zwei weitere bildhafte Ausdrücke heraus. 2

4. Noch immer gibt es in unserer Gesellschaft Klischees gegenüber alten Menschen. 4
   Nennen Sie zwei Klischees und entkräften Sie diese mithilfe geeigneter Beispiele aus dem Text. Auch Bilder und Grafiken können Ihnen bei der Argumentation helfen.

5. Jutta schreibt: „Ich glaube, ich hab mich ein bisschen in den Detlev verliebt." (Zeile 59) 4
   Sie will diese Neuigkeit ihrer Jugendfreundin Maria mitteilen.
   Verfassen Sie einen Brief, in dem Jutta ihre Gefühle und Gedanken schildert.

6. Können Sie die Zeichnung rechts mit dem Text darüber in Zusammenhang bringen? 2
   Beantworten Sie den Sachverhalt in wenigen Sätzen.

7. Die Zugehörigkeit zu einer Clique kann sich auf die Entwicklung eines jungen Menschen positiv auswirken. 6
   Begründen Sie in einem zusammenhängenden Text.

8. Das Verhältnis zwischen Jung und Alt ist einerseits oft mit Problemen behaftet, andererseits profitieren beide Seiten voneinander. 10
   Erörtern Sie ausführlich. Die Grafik unten kann Ihnen bei der Formulierung des Einleitungs- oder Schlussgedankens helfen.

36

D

Lösungsblatt
Wir von unserer Clique

zu 1. Zusammenfassung des Textes: 4 (2/2)

In der Geschichte „Wir von unserer Clique“, die von Jutta Makowsky geschrieben und im „Turmschreiber 2004 - Geschichten, Gedanken, Gedichte“ veröffentlicht wurde, beschreibt die Autorin, wie sich ihr Leben nach dem Eintritt in eine Clique verändert und welche Abenteuer sie mit ihren Freunden erlebt hat.

Die gesamte Geschichte ist in Tagebuchform verfasst und beginnt mit dem Eintritt der Ich-Erzählerin in eine Clique. Im Verlauf der Geschichte werden die einzelnen Mitglieder der Gruppe kurz charakterisiert. Das Leben der Tagebuchschreiberin verändert sich durch die Aufnahme in diese Clique, so dass sie beispielsweise anfängt, ihr äußeres Erscheinungsbild zu verbessern, um sich anzupassen. Außerdem beschreibt sie die angenehme Stimmung innerhalb der Gruppe und die Ausflüge, die die Freunde unternehmen. Während der ganzen Geschichte wird dem Leser durch die jugendhafte Sprache und die Erzählungen vorgespielt, dass es sich bei den Personen um Jugendliche handelt, was jedoch erst in der letzten Zeile des Textes widerlegt wird, in der das Alter zweier Personen, nämlich „siebzig“ und „fünfundachtzig“, angegeben wird.

zu 2. Der Text endet mit einer Überraschung: 2 (1/1)

Schon zu Beginn des Textes ist der Leser der Meinung, dass es sich bei der Geschichte um Jugendliche handelt, da die Erzählerin ihre Erlebnisse in ein Tagebuch schreibt, was hauptsächlich Heranwachsende tun.

Auch die Sprache, die die Autorin verwendet, ist sehr jugendhaft, wie beispielsweise die Bezeichnung „Fummel“ für ein Kleidungsstück. Außerdem sind die Erlebnisse in der Clique und die Freizeitgestaltung jugendtypisch. So würde man bei den Worten „Der Schlaffi hat uns Knete gegeben zum Rumbatzen“ kaum an Leute im Alter zwischen 70 und 90 denken. Deshalb ist es für den Leser wirklich überraschend, erst in der letzten Zeile des Textes das hohe Alter der Personen zu erfahren.

zu 3. Bildhafte Ausdrücke: 4

a) „ ... schick ihn doch zum Teufel ...“ (1/1)

Den Teufel bringt man mit der Hölle in Verbindung, einem Ort, in dem „Heulen und Zähneknirschen“ herrscht, in dem arme Sünder auf ewig verdammt sind und an dem niemand sein möchte. Schickt man also eine Person zum Teufel, so möchte man mit dieser Person nichts mehr zu tun haben und hält sich von ihr fern.

„ ... nicht wie eine graue Maus ...“ (1/1)

Eine graue Maus ist im ursprünglichen Sinn ein kleines, unscheinbares Tier, das nichts Besonderes an sich hat. Fühlt sich ein Mensch wie eine „graue Maus“, so ist die Person monoton gekleidet und hat nichts Aufregendes an sich. Sie ist unauffällig und wird meistens nicht beachtet.

b) „zwei dufte Hasen“

„dass wir uns halb totlachen“

zu 4. Klischees 4 (2/2)

Ein Klischee gegenüber alten Menschen ist z. B., dass diese sich kaum mehr bewegen und nicht mehr unternehmungslustig sind und nur noch ernst vor sich hinleben. Sie bevorzugen ein ruhiges, oft abgeschiedenes Leben im trauten Heim. Im Text wird jedoch aufgezeigt, wie die Clique häufig Radtouren unternimmt, sich in einer Stammkneipe trifft oder einen Jazzkeller besucht. Die Mitglieder der Clique haben Spaß daran und lachen viel.

Ein weiteres Klischee ist zudem, dass alte Menschen pflichtbewusst sind und aufgrund ihrer langjährigen Lebenserfahrung genau wissen, was richtig und falsch ist.

Lösungsblatt
Wir von unserer Clique

zu 4. (Fortsetzung) 4 (2/2)

Jedoch wird dies im Text durch Aussagen wie beispielsweise „Meine Leute ... haben angefangen zu motzen und finden es gefährlich, wenn wir immer in Eigenregie unterwegs sind" oder „... wollen den kleinen Gipsy in ein Heim stecken, weil er wieder Dummheiten gemacht hat" widerlegt. Auch das Zitat „... es ist der Eva und mir zu dumm geworden, und wir haben uns rausgeschlichen und auf der Klostermauer eine geraucht" zeugt von wenig Pflicht- und Verantwortungsbewusstsein im Alter.

Weitere Klischees:

- Alte fahren nicht mehr Auto und Motorrad.
- Alte Menschen bereisen nicht mehr ferne Länder.
- Alte leben absolut gesundheitsbewusst ohne Alkohol und Nikotin.
- Es gibt keinen Sex mehr im Alter.

zu 5. Brief: 4 (2/2)

Liebe Maria,

ich habe dir doch vor einiger Zeit einmal von Detlev erzählt. Du weißt schon, der kleine Macho, der immer einen auf „großen Anführer" macht. Eigentlich hab' ich ja immer gedacht, er ist nur in sich verliebt, aber in letzter Zeit ist er so lieb und nett zu mir. Erst vor einer Woche hat er mein Fahrrad repariert und dann im Jazzkeller – ich trau' mir kaum, es dir zu sagen – hat er plötzlich meine Hand genommen und ganz liebevoll gedrückt. Maria, ich glaub', ich hab' mich verliebt! Aber was meinst du dazu?

Ja weißt du, eigentlich ist er mir schon etwas zu aufdringlich und chaotisch, aber da ist irgendwas an ihm, da kann ich fast nicht widerstehen. Ich weiß echt nicht, was ich machen soll. Die eine Seite in mir sagt: Lass es, der ist nix für dich!, aber die andere Seite meint: Los, schnapp ihn dir! So eine Gelegenheit hast du nicht mehr so schnell! Da ist ja auch was Wahres dran, denn ich bin ja auch nicht mehr die Jüngste und einen lieben Mann an seiner Seite, wer will das nicht?!

Sag' mir doch bitte, was du davon hältst. Meine Gefühle sind so verwirrend, ich fühl' mich fast wieder wie 16, als ich mich in den Franz verliebt hatte. Weißt du noch, wie nervös und aufgeregt ich da war?!

Also bitte schreib' mir schnell zurück und sag' mir, wie ich mich jetzt verhalten soll, schließlich kennst du mich schon lange genug und weißt, was das Beste für mich ist.

Ganz liebe Grüße
deine Jutta

zu 6. Bild 2

Es hängt vom Betrachtenden ab, ob man auf dem Bild eine junge Frau erkennt, die nach hinten blickt, oder eine nach links schauende alte Frau mit Hakennase und weit vorstehendem Kinn. Erst nach längerem Hinsehen kann das optische Zentrum im Gehirn „umschalten" und man erkennt in einem Bild beide Frauen, worauf die mit Fragezeichen versehenen Wörter über dem Bild aber schon hinweisen.

zu 7. Positive Auswirkungen der Clique 6 (3/3)

Wenn man das Wort „Clique" hört, denkt man zuerst einmal an Negatives wie Klauen, Schlägereien und Alkohol. Die Zugehörigkeit zu einer Clique kann sich auf die Entwicklung eines jungen Menschen aber auch positiv auswirken. Es entwickelt sich ein Zusammengehörigkeitsgefühl, das Geborgenheit vermittelt. Die Mechanismen dieses Prozesses werden verinnerlicht und können im späteren Leben, z. B. im Beruf und in der Familie zum Tragen kommen. Man kann besser mit seinen Kollegen kooperieren, wenn man die Prozesse kennt,

Lösungsblatt
Wir von unserer Clique

zu 7. (Fortsetzung)

die gruppendynamisch ablaufen.

Auch Toleranz und Rücksichtnahme lernt man in einer Clique, die eine positive Ausrichtung hat. Man lernt schon früh, sich auch mit den Problemen der anderen Gruppenmitglieder auseinanderzusetzen, auf sie zu reagieren und Lösungen anzubahnen. Hat ein Jugendlicher einen Konflikt mit seiner Freundin, lernt man Modelle, wie man am besten einen Streit schlichten kann. Man wird konfliktfähig – eine ganz wichtige Schlüsselqualifikation im heutigen Leben. So erfährt man schon in frühen Jahren, dass es Bezugspersonen gibt, denen man sich anvertrauen kann. Lernt man Konflikte zu lösen – und in Cliquen gibt es jede Menge Konfliktstoff –, so besteht die Gefahr kaum, im Alter seine Sorgen und Probleme in sich „hineinzufressen" und sich von seiner Umgebung abzugrenzen.

zu 8. Gliederung: 10 (6/4)

A) Einleitung
- Kinder versorgen Eltern im Alter
- Altenheim bevorzugt
- Themafrage:
  Das Verhältnis zwischen Jung und Alt ist einerseits oft mit Problemen behaftet, andererseits profitieren beide Seiten voneinander.

B) Hauptteil

I. Verhältnis mit Problemen behaftet:
1. Keine freie Entfaltung der Jugend
   a. Traditionen, Sitten
   b. Vergleich mit damaliger Zeit
2. Vorurteile der Alten
   a. Verwöhnte Jugend
   b. Kein Pflichtbewusstsein
3. Keine Hilfe für die Alten durch die Jugend

II. Profitieren beider Seiten:
1. Finanzielle Unterstützung
   a. Bindung an die Alten
   b. Hilfe der Jugend
2. Ratschläge der Alten
   a. Lebenserfahrung
   b. Richtige Entscheidungen
3. Sicherheiten durch die Alten
   a. Berufliche Sicherheit
   b. Eigenheim

III. Eigene Meinung:
Toleranz und Akzeptanz

C) Schluss
Ausblick in die Zukunft

Lösungsblatt
Wir von unserer Clique

zu 8. Erörterung:

Früher wohnten oft drei Generationen unter einem Dach. In einer Art Generationenvertrag war es in diesen Großfamilien üblich, dass die Kinder ihre Eltern im Alter versorgten. Heutzutage gibt es so etwas nur noch sehr selten. Familien leben getrennt, oft weit von einander entfernt. Wo es finanziell möglich ist, entscheiden sich die Menschen von heute immer häufiger dafür, ihre Eltern in einem Alten- oder Pflegeheim unterzubringen, wo sie unter ständiger Beobachtung stehen und bestens versorgt werden können. Allerdings ist es oft auch ein Abschieben. Somit lässt sich eine Veränderung im Verhältnis zwischen Jung und Alt feststellen. Zwei Fragen stellen sich dabei: Ist das Verhältnis zwischen den Generationen mit Problemen behaftet? Und: Können beide Seiten auch voneinander profitieren?
Zunächst einmal möchte ich mich mit Problemen befassen, die das Verhältnis zwischen Jung und Alt prägen.
Als erstes muss hierbei die Einschränkung in der freien Entfaltung der Jugend erwähnt werden. So werden Jugendliche häufig von ihren Eltern oder Großeltern angehalten, Pflichten und Traditionen einzuhalten und zu wahren. Sie dürfen nicht frei darüber entscheiden, ob sie z. B. in die Kirche gehen oder an der Prozession um das Osterfeuer teilnehmen oder nicht. Auch die Teilnahme an Familienfeiern ist für Jugendliche Pflicht. Bei Geburtstagen der Eltern und Großeltern hat man einfach anwesend zu sein, egal, ob zur selben Zeit Jugendfeten angesagt sind.
Ebenso wird die Entfaltung der Heranwachsenden durch den Vergleich mit der damaligen Jugendzeit ihrer Eltern erschwert. So gibt es häufig Auseinandersetzungen zwischen Eltern und ihren Kindern, wenn es um die Ausgehzeit geht. Weil Jugendliche heutzutage abends länger weggehen dürfen als ihre Eltern zu früheren Zeiten, gibt es oft hitzige Diskussionen um die Zeit des Heimkommens. Dabei ziehen die Eltern Vergleiche mit ihrer Jugend und versuchen ihre Argumente durchzusetzen. Sie sehen nur selten ein, dass ihre Ansichten oft veraltet sind.
Auch Kleidungsfragen, Frisuren, Tattoos und Piercing-Schmuck geben immer wieder Anlass zu Konflikten. „So etwas hat es früher nicht gegeben, also brauchst du es auch nicht!" – das typische, stereotype Argument der Eltern.
Ein weiteres Argument, dass das Verhältnis zwischen Jung und Alt belastet, ist, dass ältere Menschen viele Vorurteile der Jugend gegenüber hegen. „Die Jugend ist verwöhnt", heißt es. Dabei erzählen die Alten immer wieder aufs Neue, dass sie es früher viel schwerer hatten, mehr arbeiten mussten und ganz wenig verdienten. Außerdem wird behauptet, dass Jugendliche nur wenig Pflichtbewusstsein hätten und ihre Grenzen nicht selbst erkennen könnten. Allerdings vergessen die Alten dabei die Entwicklung der Gesellschaft zu berücksichtigen und urteilen vorschnell. Man sollte wissen: Die Jugend ist so, wie sie von den Eltern und der Gesellschaft geprägt wird. Jede Gesellschaft hat die Jugend, die sie verdient.
Als letzten Grund möchte ich anführen, dass ein Teil der Jugend den Alten keine Hilfe mehr entgegenbringt. Das stimmt, denn Helfen legen viele Jugendliche als ein Zeichen von Schwäche aus. Man bleibt im Bus lieber sitzen und lässt die Alten stehen. Wenn die Fußgängerampel auf Grün umspringt, hetzt man über die Straße, ohne die gehbehinderte Frau wahrzunehmen, die gerade dann auf Hilfe wartet.
Manchmal kommt es auch vor, dass ältere Menschen keine Hilfe wollen, da sie sich sonst noch älter fühlen würden oder weil ihnen die Jugendlichen an sich verhasst sind. Aufgrund dieser Situation sind verbale Auseinandersetzungen keine Seltenheit.
Nach all diesen negativen Punkten möchte ich nun einige Argumente anführen, die belegen, dass beide Seite auch voneinander profitieren können.
Als erstes ist die finanzielle Unterstützung zu nennen. Häufig haben ältere Menschen einen

Lösungsblatt
Wir von unserer Clique

zu 8. (Fortsetzung Erörterung)

kleinen Überschuss an Geld, da sie im Alter auch weniger benötigen. Dieses Ersparte kann somit bei finanziellen Engpässen der Kinder und Enkelkinder weitergegeben werden, um sie dadurch aus ihrer misslichen Lage zu befreien. So kommen Jugendliche schneller und leichter an das Mofa, das Auto oder die überfällige Urlaubsreise.
Gleichzeitig bedeutet dies auch eine Bindung der Jugend an die Alten. Man ist dankbar für jede Form der Unterstützung, auch und gerade in finanzieller Hinsicht. Dadurch sind Kinder auch eher bereit, sich ihrer Eltern anzunehmen und sie im Alter, wenn es nötig ist, zu versorgen und zu pflegen. So können sie – was nicht oft der Fall ist – etwas zurückgeben,was sie über Jahrzehnte erhalten haben: Liebe, Geduld und Unterstützung.
Tauchen Probleme auf, können die Eltern und Großeltern mit Rat und Tat zur Seite stehen. So können die Alten aufgrund ihrer Lebenserfahrung helfen, dass die Kinder bzw. Enkelkinder richtige Entscheidungen treffen. Eltern wissen Bescheid, wenn es um Hausmittel geht, die gegen bestimmten Krankheiten zum Einsatz kommen. Man braucht keine Zäpfchen und Tabetten gegen hohes Fieber, wenn Wadenwickel es auch tun. Auch finanzielle Notlagen werden die Alten schon durchgestanden haben und können den Jungen wertvolle Tipps geben, wie man aus verfahrenen Situationen wieder herauskommt.
Zuletzt möchte ich anführen, dass viele Kinder auf der Basis weiter aufbauen können, die die Eltern und Großeltern gelegt haben. Es ist gewiss leichter, in den etablierten Beruf bzw. das alteingesessene Geschäft des Vaters einzusteigen als sich etwas Neues von Grund auf schaffen zu müssen. Oft werden Arztpraxen oder Baugeschäfte von den Kindern weitergeführt. „Sich ins gemachte Nest setzen" bedeutet weiterhin, dass die Eltern und Großeltern schon ein Haus gebaut und bezahlt haben, das dann nach deren Tod die Kinder nützen können. So braucht man keine Miete bezahlen oder sich im Falle eines Hausbaus hoch verschulden.
Wenn von Jung und Alt nur ein wenig Toleranz und Akzeptanz geübt werden würde, wenn beide Seiten mehr Verständnis füreinander aufbrächten, wäre ein friedliches Zusammenleben überhaupt kein Problem. Man muss nur wollen, dann geht es.
Ob zukünftig das Miteinander der Generationen erleichtert oder erschwert wird, lässt sich nicht präzise beantworten. Ich bin etwas pessimistisch, denn ich glaube, dass in dieser hektischen, konsumorientierten Welt immer weniger Platz für die Alten sein wird. Man wird sie hassen, denn es werden immer mehr. Wohin mit dem riesigen Rentnerberg, den die Jungen nicht annähernd finanzieren können? Abschieben ins Altersheim? Kein schöner Gedanke!

Stefanie R. (M10 b)

36

D Name: ______________________ Datum: ______________________

Textblatt
Das sechste Sinnesorgan

Früher reichte es aus, die Unterweisungen von Lehrern und Eltern zu beachten und mit offenen Augen durch die Welt zu gehen. Es war eine kleine Welt, in der sich die Dinge kaum änderten. Zwar gab es Nachrichten aus der großen Welt jenseits von Berg und Tal, aber die waren letztlich nicht wichtig. Manchmal brach auch die große Welt ins alltägliche Leben ein, meist in Form von Seuchen und Krieg. Das waren Schicksalsschläge, gegen die kein Kraut gewachsen war. Das Leben ging weiter.

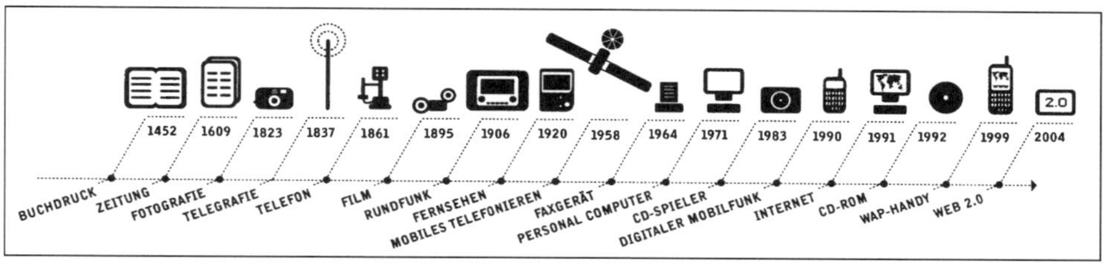

In der modernen Welt scheint nichts mehr von Dauer zu sein. Was gestern gesichert schien, ist heute hinfällig. Was heute als unumstößliche Wahrheit erscheint, kann morgen überholt sein. Politik, Alltagsleben, Technik, Kultur, Mode, wissenschaftliche Erkenntnisse – die Zeiten ändern sich so rasch, dass die Menschen Mühe haben, den Wandel zu verkraften. Die Lebenswelt der 70er Jahre scheint schon unendlich weit entfernt zu sein, und die der 50er oder 60er Jahre ist mit den heutigen Verhältnissen kaum noch zu vergleichen.

Unser Bild der Wirklichkeit entstammt zu vielleicht zehn Prozent der eigenen Anschauung und Erfahrung. Den Rest wissen wir, oder glauben wir zu wissen, aus Büchern, Zeitungen, Illustrierten, Radio und Fernsehen. Mediennutzung ist zu einer Schlüsselkompetenz geworden, ohne die wir nicht mehr leben können. Das in Schule und Berufsausbildung erworbene Wissen ist nach einigen Jahren veraltet. Wir müssen permanent dazulernen, sonst finden wir uns nicht mehr in der Welt zurecht, sonst begreifen wir die nachwachsende Generation nicht mehr, verpassen beruflich den Anschluss, verstehen nicht mehr, was um uns und mit uns geschieht.

Beständig lernen können wir mit Hilfe der Medien. Deren weltumspannendes Netz verlängert unsere Sinne in die Welt hinaus, im Grunde ist es zu einem zusätzlichen Sinnesorgan geworden. Live oder fast live kann man bei wichtigen Ereignissen rund um den Globus dabei sein. Informationen aus allen Ecken und Enden der Welt, aus allen Wissensbereichen werden praktisch augenblicklich weltweit verfügbar gemacht. Eine früher unvorstellbare Menge an Informationen steht zu jeder Tages- und Nachtzeit in Schrift, Ton und Bild zur Verfügung.

Ein entscheidendes Qualifikationsmerkmal ist heute der Umgang mit Informationen. Das beginnt schon in der Schule. Wie viel ein Schüler aus dem im Elternhaus gelernten eigenständigen Umgang mit Medien in den Unterricht mitbringt, das hat Einfluss auf den Schulerfolg. Vereinfacht könnte man sagen: Je besser jemand Medien im weitesten Sinne für sich nutzbar macht, desto höher wird voraussichtlich der gesellschaftliche Status sein, desto größer der berufliche Erfolg.

Fatalerweise führt die hohe Verfügbarkeit von Informationen über eine immer größere Medienvielfalt nicht dazu, dass mehr Menschen Zugang dazu bekommen. Was Wissenschaftler seit Jahrzehnten prognostiziert haben, zeichnet sich heute als gesellschaftliche Realität ab: Die Kluft zwischen trainierten Mediennutzern und der Masse der Bevölkerung wird immer größer. Es setzt nämlich Wissen und langjähriges Training voraus, aus der Informationsfülle das herauszufiltern, was wichtig ist. Wer das nicht gelernt hat, fühlt sich schnell überfordert, schaltet ab und zieht sich auf Medien zurück, die vorwiegend der populären Unterhaltung dienen. Gegen diese Informationskluft gibt es aber ein Mittel: Der Umgang mit den Medien der verschiedenen Art, bewusste und kritische Mediennutzung überhaupt, müsste als eine entscheidende Kulturtechnik unserer Zeit im Zentrum von Bildung und Ausbildung stehen. Schule muss anstreben, die Kompetenz in eigenständiger Informationssuche zu verbessern.

Nach Michael Bechtel: Das sechste Sinnesorgan.
In: PZ - Wir in Europa, Nr. 75 / Bonn

D Name: ______________________ Datum: ______________

Aufgabenblatt
Das sechste Sinnesorgan

1. Formulieren Sie zu jedem der sechs Abschnitte eine passende Überschrift. 3

2. Ersetzen Sie folgende Fremdwörter jeweils durch einen deutschen Ausdruck: 2
   a) permanent
   b) prognostiziert
   c) populär
   d) Kompetenz

3. a) Der Text enthält den bildhaften Ausdruck „weltumspannendes Netz". (Zeile 24) 2
   Erklären Sie diesen aus dem Textzusammenhang.
   b) Zitieren Sie vier weitere bildhafte Ausdrücke aus dem Text. 2

4. „In der modernen Welt scheint nichts mehr von Dauer zu sein." (Zeilen 7 - 9) 4
   Verdeutlichen Sie diese Aussage durch zwei Beispiele.

5. In Zeile 18 heißt es: „Den Rest wissen wir, oder glauben wir zu wissen, ..." 3
   Erklären Sie, warum der Autor diese Einschränkung macht.

6. Sinnvoller Umgang mit elektronischen Medien bedeutet mehr, als ein Gerät nur bedienen zu können. 4
   Erläutern Sie in einem zusammenhängenden Text.

7. Die Bedeutung der Medien nimmt zu, manche sehen darin auch Gefahren. 6
   a) Erläutern Sie anhand genauer Beispiele, welche Medien an Bedeutung zunehmen.
   Denken Sie dabei an den Unterhaltungssektor.
   b) Beschreiben Sie eine Gefahr im Umgang mit Horrorvideos.

8. Das Fernsehen macht die Zeitung überflüssig. Stimmt diese Behauptung uneingeschränkt? 10
   Erörtern Sie ausführlich.
   Die beiden Grafiken können Ihnen helfen, einen passenden Einleitungs- und Schlussgedanken zu finden.

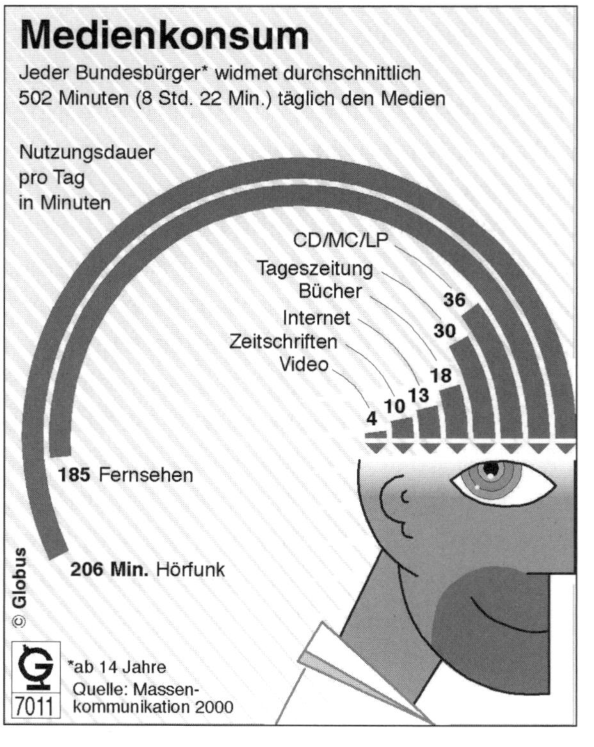

36

D		

Lösungsblatt
Das sechste Sinnesorgan

zu 1. Überschriften (sechs Abschnitte): 3 (3/-)

a) Früher: Isolierte „kleine Welt“ ohne große Veränderung
b) Heute: Stete, rasche Veränderung in allen Lebensbereichen
c) Mediennutzung als Schlüsselkompetenz
d) Weltweite Verfügbarkeit der immer vielfältigeren Informationen
e) Effektive Medien-Nutzung erhöht beruflichen und gesellschaftlichen Erfolg
f) Kluft zwischen medienkompetenten Leute und der Masse der Bevölkerung wird immer größer

zu 2. Fremdwörter: 2 (2/-)

a) permanent = ständig, andauernd, fortwährend, ununterbrochen
b) prognostiziert = vorausgesagt, vorhergesagt; vorher erkannt
c) populär = volkstümlich, allgemein verständlich; volksfreundlich, (beim Volk) beliebt
d) Kompetenz = Zuständigkeit, Urteilsfähigkeit

zu 3. Bildhafte Ausdrücke: 4

a) „weltumspannendes Netz“: (2)

Informationen wurden früher per Draht bzw. Kabel weitergeleitet. Innerhalb kurzer Zeit war die Welt „vernetzt“. Im Netz einer Spinne gibt es für das Opfer kein Entrinnen. Wir Menschen sind diese Opfer, die von der Flut der Informationen mitgerissen werden. Der Autor möchte mit diesem bildhaften Ausdruck die immense Ausbreitung der Informationen überall auf der Welt beschreiben. Mittels Satelliten werden Meldungen zwischen den Kontinenten ausgetauscht, was vor noch nicht allzu langer Zeit unmöglich war. Weiterhin möchte der Verfasser ausdrücken, dass bis auf kleine Völker abseits der Zivilisation die ganze Welt an das Datennetz angeschlossen ist.

b) Vier weitere bildhafte Ausdrücke: (2)

- „mit offenen Augen“
- „es ist kein Kraut dagegen gewachsen“
- „den Anschluss verpassen“
- „aus allen Ecken und Enden“

zu 4. „... nichts mehr von Dauer“: 4 (2/2)

Dass in unsere schnelllebigen Welt nichts mehr von Dauer ist, zeigt sich vor allem im Bereich der Technik. Bis vor 25 Jahren war die Musikwiedergabe über Schallplatten eine technische Revolution. Der gute alte Plattenspieler versorgte uns mit Musik in Stereo- und Quadrophoniequalität. Dann rückte der CD-Player an seine Stelle. Heute werden diese Geräte durch noch bessere SACD (Super Audio Compact Disc)-Player ersetzt. Inzwischen werden die CD-Scheiben noch kleiner und klanglich noch besser. Quo vadis, Hi-Fi?

Um noch etwas aktueller zu werden, möchte ich den Computer als zweites Beispiel anführen. Den PC gibt es seit 1971. Das waren riesige, unhandliche, schneckenlangsame Geräte mit miserablen Monitor-Qualitäten. Und sehr teuer waren sie. Heute gibt es winzige Rechner mit extrem hochauflösenden Flachbildschirmen in einer Leistungsstärke, für die vor 35 Jahren eine großes Gebäude nicht ausgereicht hätte, hätte man die Leistung unserer Rechner heute erreichen wollen. Und die Entwicklung beschleunigt sich noch. Wer heute einen modernen PC kauft, hat in spätestens einem Jahr ein „Steinzeitmodell“ zu Hause stehen.

zu 5. „... wissen wir, oder glauben wir zu wissen“: 3 (2/1)

Die Aussage des Autors „den Rest wissen wir, oder glauben wir zu wissen“ ist auf das Bild der Wirklichkeit bezogen, die wir aus den Massenmedien „geliefert“ bekommen.

D

Lösungsblatt
Das sechste Sinnesorgan

zu 5. (Fortsetzung)

Wir erhalten also aus den Medien Informationen, die wir nicht aufgrund eigener Erfahrung nachprüfen können – Informationen aus zweiter oder gar dritter Hand. Unser Problem: Können oder sollen wir all dem, was wir sehen, hören oder lesen, Glauben schenken? Werden wir bewusst manipuliert? Eines ist sicher: Die Nachprüfbarkeit auf Wahrheitsgehalt der Informationen aus den Massenmedien ist nur in den seltensten Fällen möglich. Man ist nicht „live" dabei, erfährt es nicht „am eigenen Leib". Oft werden bei Interviews mit Politikern nur wenige Sätze gesendet, die aus dem Zusammenhang gerissen worden sind und als Gesamtheit unter Umständen eine ganz andere Bedeutung haben. Ist die Kriegsberichterstattung objektiv? Ist die Befragung repräsentativ? Wir wissen es letztlich nicht! Das meint der Autor mit seiner Einschränkung „glauben wir zu wissen".

zu 6. Sinnvoller Umgang mit Medien: 4 (2/2)

Jeder von uns kann heute mithilfe der Bedienungsanleitung technische Geräte nutzen. Ein sinnvoller Umgang mit Medien verlangt aber mehr. Technische Errungenschaften sollen uns in bestimmten Bereichen der Kommunikation und Unterhaltung unterstützen, sie sollen aber nicht die Persönlichkeit des Menschen zerstören. Das geschieht dann, wenn Medien zur Sucht werden. Sie bestimmen den Tagesablauf, nicht mehr wir selber. Fernsehen von früh bis spät, Computerspiele nach der Schule ohne Ende, das Wochenende nächtelang in Chatrooms verbringen – das kann es doch nicht sein!

Der Computer ermöglicht uns, alles von zu Hause zu erledigen – Bankgeschäfte, Einkäufe, Gespräche. Er zerstört zwischenmenschliche Beziehungen. Man isoliert sich zusehends. Dafür sollte man ein Auge haben. Wehret den Anfängen! Bedenklich wird es, wenn im Internet einschlägige Seiten besucht werden, die moralisch anstößig sind. Pornographie, Sado-Macho-Praktiken, Gewaltdarstellungen extremer Art u. a. verrohen den Charakter des Menschen. Man lebt in dieser üblen Scheinwelt und verliert den Kontakt zu einer sittlichen Grundordnung mit festen ethischen Grundsätzen.

zu 7. Zunahme der Bedeutung der Medien: 6 (2/2)

a) Mindmap: (anstelle einer ausfomulierten Lösung)

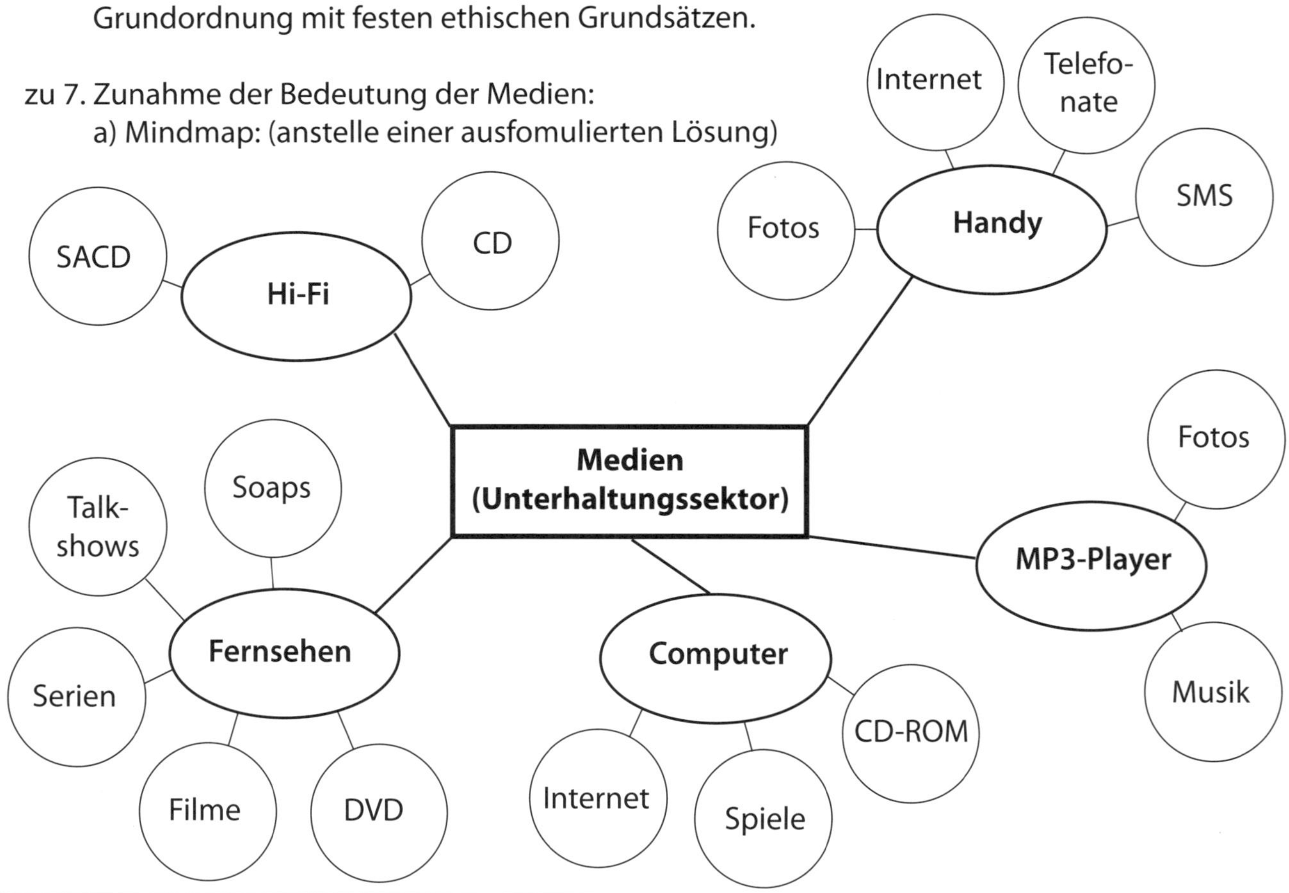

D

Lösungsblatt
Das sechste Sinnesorgan

zu 7. Zunahme der Bedeutung der Medien:

b) Gefahr im Umgang mit Horrorvideo: (1/1)

Kettensägen trennen Köpfe ab, Zombies fressen genüsslich Menschen auf – wer kennt sie nicht, diese Ekel erregenden Bilder?

Horrorvideos haben zurzeit Hochkonjunktur. Die „Saw"- und „Final Destination"-Reihen beweisen es. Je blutiger, grausiger, schockierender, desto besser. Gerade die Konsumenten dieser minderwertigen, menschenverachtenden Streifen wissen nicht um die Gefahren, denen sie sich bewusst oder unbewusst aussetzen. Horrorvideos stumpfen ab. Der Mensch sieht Grausamkeiten als selbstverständlich an, ergötzt sich am Sterben von Menschen und fühlt den „Kick", wenn der Tod möglichst blutig stattfindet. Wenn Sensibilität und Humanität, die den mündigen Menschen auszeichnen und ihn auch dadurch vom Tier unterscheiden, so mit in den abgrundtiefen „Dreck" gezogen werden, verwundert es nicht, dass auch in der realen Welt Brutalitäten und Aggressionen ständig zunehmen. Dann ist es logisch, dass wir nicht mehr zu normalen menschlichen Emotionen wie Trauer, Mitleid und Mitgefühl fähig sind. Selbst höher entwickelte Tiere können das noch. Wir sind dann weniger wert – nur noch gefühlsrohe, abgestumpfte Klumpen Fleisch.

zu 8. Erörterung: Macht Fernsehen die Zeitung überflüssig? 10

Cluster: (anstelle einer ausformulierten Lösung) (6/4)

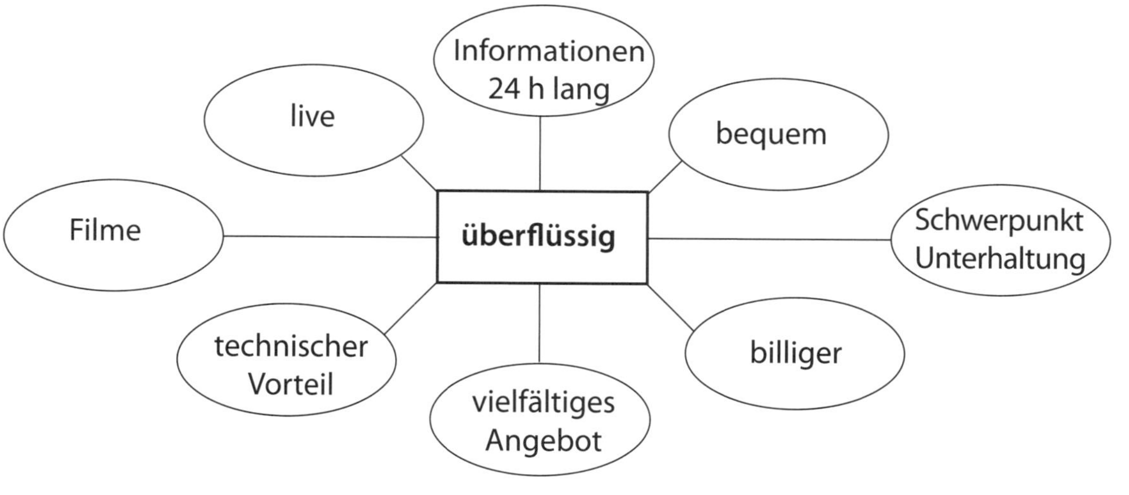

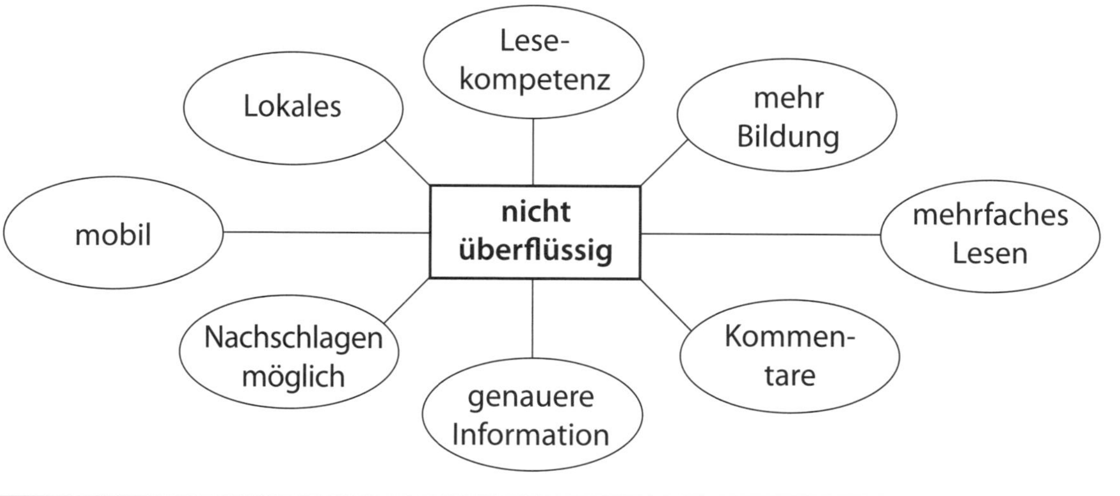

Lösungsblatt
Das sechste Sinnesorgan

zu 8. Gliederung: (anstelle einer ausformulierten Lösung)

A) Einleitung
- Erfindung Buchdruck
- Themafrage:
  Stimmt es, dass Fernsehen die Zeitung überflüssig macht?

B) Hauptteil
I. Fernsehen macht die Zeitung überflüssig:
1. Informationen rund um die Uhr
2. Medialer Vorteil
   (bewegte Bilder – Filme; mehr Unterhaltung; große Auswahl)
3. Bequem
4. Live-Darstellung
5. Vielfältige technische Möglichkeiten
   (Videotext, Recording, FullHD, 1920 x 1080 Pixel, 100-Hz-Technologie usw.)
6. Preis
   (GEZ-Gebühr billiger)

II. Fernsehen macht die Zeitung nicht überflüssig:
1. Genauere, fundierte und mehr Informationen
2. Kommentare
3. Mobil
4. Mehrfaches Lesen von Texten
5. Nachschlagen möglich
6. Lesekompetenz wird gefördert
7. Meldungen aus dem Lokalbereich

III. Eigene Meinung:
Toleranz und Akzeptanz

C) Schluss
- Synthese
- Ausblick in die Zukunft

D Name: ____________________ Datum: ____________________

Textblatt
Droge Verwöhnung

Maßlosigkeit bei Geschenken und Süßigkeiten, Erfüllung aller Wünsche sofort, dauerndes Verhätscheln, Inkonsequenz, In-Watte-Packen bei kleinstem Unwohlsein, Aufgaben oder Konflikte für ein Kind lösen: Verwöhnung hat viele Gesichter. Auslöser für die Beschäftigten mit diesem Thema war eine Tauffeier mit vielen Kleinkindern: Fast alle hatten in der Kirche eine Nuckelpulle im Mund. Und jene, welche noch kein Getränk hatten, brauchten nur in die Nähe ihrer Eltern zu kommen und schon bekamen auch sie eine Flasche. Ob sich die Eltern der Wirkung ihres Tuns bewusst waren? Um ein Trinken als Reaktion auf Durst konnte es sich nicht handeln. Es war eine Form der Ruhigstellung. Aber selbst wenn Durst da gewesen wäre: Kann denn ein Kind keine Dreiviertelstunde warten?

Jeglicher Wollensäußerung im Moment zu entsprechen heißt auch, Auseinandersetzung zu vermeiden und Anspruchsdenken zu fördern. Was, wenn mal wirklich eine Durststrecke ansteht, wenn es Entbehrung kostet, ein Ziel zu erreichen? In dauernder Bedürfnisbefriedigung heranwachsende Kinder werden panisch reagieren. Der Verlust wird als persönlicher Angriff erlebt, dem mit Aggression begegnet wird.

Ein Blick in die Schule zeigt, wie wenig belastbar Kinder und Jugendliche heute sind: kaum noch fähig, Kraft und Ausdauer als Voraussetzung von Erfolg – und daraus resultierender Zufriedenheit – zu sehen. Jedes Kind hat das Recht vor verwöhnenden Eltern geschützt zu werden!", las ich dann vor einiger Zeit im Seminarraum eines psychologischen Institutes. Ich fragte nach, von wem der Satz sei. „Wir haben ihn als Ergänzung zur Konvention der Kinderrechte formuliert", sagte mir der Leiter des Instituts. Daraufhin beschäftigte ich mich intensiver mit dem Phänomen der Verwöhnung.

Als Erstes wurde mir klar, dass zwischen Verwöhnung und situationsgemäßer Zuwendung deutlich zu unterscheiden ist. Zuwendung orientiert sich am anderen, an seinen Entwicklungsschritten, ist wohlwollend und ermutigend, auf Eigenverantwortung gerichtet. Dagegen tritt Verwöhnung zwar im Gewand der Zuwendung auf, orientiert sich aber an den Bedürfnissen des Verwöhners. Ob nun kontinuierlich Fehlverhalten hingenommen wird, Hürden weggeräumt oder angenehme Gefühlszustände ermöglicht werden: Es geht stets um den eigenen Vorteil, nicht um das Wohl des Kindes. Ein konfliktfreies Miteinander wird zum Ideal. Erfolg wird ohne Vorleistung erfahrbar, Passivität belohnt. Es lebt sich wie im Schlaraffenland. Das Kind gewöhnt sich an den bequemen Mechanismus alles leicht zu bekommen. Verwöhnen und Gewöhnen werden ein Paar.

Die Folge ist eine Abnahme jeglicher Anstrengung. Das Kind wird permanent entmutigt. Anfangs wehrt es sich noch: „Kann allein" oder „will nicht" – später gibt es auf. Eigene Interessen haben keine Chance zur Verwirklichung, Willens- und Persönlichkeitsbildung finden nicht statt. Die Kraftlosigkeit führt auf Dauer zu Verwahrlosung, Aggression, letztlich zu Gewalt. Verwöhnung hat einen hohen, nicht selten lebenslang zu zahlenden Preis.

Weshalb verwöhnen Eltern ihre Kinder, Frauen ihre Männer und umgekehrt? Ein zentraler Aspekt liegt in der meist unbewussten Absicht die eigene Position zu sichern, andere von sich abhängig zu machen. Frauen verwöhnen eher durch aktives Tun, Männer durch Vermeiden von Auseinandersetzung. Frauen verwöhnen häufiger als Männer, und Mädchen werden mehr als Jungen verwöhnt.

Verwöhnung hat für den Verwöhnenden die Funktion einer emotionalen Lebensversicherung. Der Satz „Mein Kind ist mein Ein und Alles" zeigt überdeutlich, wo Veränderung einzusetzen hat. Denn in der Erziehung zu einem mündigen Menschen geht es nicht um mein „Ein und Alles", sondern darum, die uns anvertrauten Kinder zu einem eigenständigen Leben zu befähigen. Das Kind ist kein kuscheliger Schoßhund, darf fehlendes Glück in der Partnerschaft nicht ersetzen.

Wenn Erziehung sich als Verwöhnung etabliert, findet dies gesellschaftlichen Widerhall. Die zukünftige Generation wird zu kraftlosen, ängstlichen, leistungsschwachen, unmotivierten und angepassten Egoisten, die sich nach Versorgtsein sehnen.

D Name: ____________________ Datum: ____________________

Aber auf Dauer wird die vorgegaukelte Leichtigkeit des Seins zur Unerträglichkeit. Der ehemalige Bundespräsident Roman Herzog bemängelte, das große Problem in Deutschland sei eine „mentale Depression". Freude, Stolz, Zuversicht und Erfolg seien der Aura der Verwöhnung erlegen. Ob Einsicht, Zeit und Kraft reichen, die Mutation vieler Zeitgenossen zum „Homo schlaraffiensis" rückgängig, dem Lebensideal als Made im Speck den Garaus zu machen?

Nach: Dr. Albert Wunsch: Droge Verwöhnung. In: Die Zeit

D	Name: ______________________	Datum: ______________	

Aufgabenblatt
Droge Verwöhnung

1. Geben Sie wesentliche Aussagen des Textes in eigenen Worten wieder.	6
2. „Verwöhnung hat für den Verwöhnenden die Funktion einer emotionalen Lebensversicherung." (Zeile 41) Erklären Sie diese Aussage mit eigenen Worten.	2
3. Verwöhnung im Kindesalter kann negative Auswirkungen auf die Persönlichkeitsentwicklung haben. Zitieren Sie vier Textstellen, die diese Aussage belegen.	2
4. Welche Verbindung besteht zwischen Pieter Bruegels Bild und dem vorliegenden Text? Beantworten Sie in wenigen Sätzen.	2
5. Im Text finden Sie mehrere Sprachbilder.	
a) „... In-Watte-Packen ..." (Zeile 2)	2
„... eine Durststrecke ansteht ..." (Zeile 11)	2
Erklären Sie beide Sprachbilder.	
b) Schreiben Sie aus dem Text zwei weitere heraus.	2
6. Der Autor bezeichnet in der Überschrift Verwöhnung als „Droge". Erläutern Sie diese Aussage in einem zusammenhängenden Text.	4
7. Verwöhnung kann zu Aggression führen. (Zeilen 14 und 34) Auch andere Einflüsse können die Gewaltbereitschaft bei Jugendlichen fördern. Stellen Sie diese in einigen Sätzen dar.	4
8. „... Die zukünftige Generation wird zu kraftlosen, ängstlichen, leistungsschwachen, unmotivierten und angepassten Egoisten, die sich nach Versorgtsein sehnen." (Zeilen 47/48) Ist dieses pauschale Negativbild gerechtfertigt? Setzen Sie sich kritisch damit auseinander. Sie können die Grafik in Ihre Überlegungen mit einbeziehen.	10
	36

D

Lösungsblatt
Droge Verwöhnung

zu 1. Inhaltswiedergabe: 6 (3/3)

In dem Bericht „Droge Verwöhnung" von Dr. Albert Wunsch, welcher 1998 im Magazin „Die Zeit" erschienen ist, geht es darum, dass Kinder immer mehr verwöhnt werden und deshalb oft nicht die Möglichkeit haben, ihre eigene Persönlichkeit zu entwickeln.

Schon die Kleinkinder bekommen von ihren Eltern, was sie wollen. Sie brauchen dazu einfach nur anfangen zu weinen oder zu schreien. Meist geben die Mütter ihren Kindern etwas zu essen oder zu trinken, obwohl diese vielleicht gar nichts wollen. Wenn die Kinder allerdings wirklich etwas haben möchten und es nicht bekommen, reagieren sie trotzig oder aggressiv. Selbst in der Schule sieht man immer häufiger, dass die Schüler zu verwöhnt sind, um ihre Ziele und Erfolge selber zu erreichen. Die verwöhnenden Eltern sorgen sich häufig nicht um ihren Schützling, sondern machen das, was ihnen selber gut tut. Es ist klar, dass damit eine Willens- und Persönlichkeitsentwicklung gebremst wird. Für diese jungen Leute gibt es einfach kein „Nein". Sie lernen erst viel später – und das ist oft bitter –, was es heißt, verzichten zu müssen. Es ist verwerflich, wenn Eltern ihre Kinder bewusst verwöhnen, um sie von sich abhängig zu machen und sie an sich zu binden. Durch die ständige Verwöhnung wird die nachfolgende Generation wirklich unmotiviert, ängstlich und egoistisch. Es wäre an der Zeit, diese Entwicklung rückgängig zu machen.

zu 2. 2 (1/1)

Ich denke, mit der emotionalen Lebensversicherung ist gemeint, dass der Verwöhnende das Gefühl oder sogar die Sicherheit hat, für den Verwöhnten unersetzbar und lebenswichtig zu sein. Da „emotional" gefühlsbetont heißt, ist diese Verwöhnung keine echte Versicherung, sondern eher eine Bestätigung für die Eltern.

zu 3. Zitate von vier Textstellen 2 (2/-)

- „In dauernder Bedürfnisbefriedigung heranwachsende Kinder werden panisch reagieren." (Zeilen 12/13)
- „Erfolg wird ohne Vorleistung erfahrbar, Passivität belohnt." (Zeilen 28/29)
- „Die Folge ist eine Abnahme jeglicher Anstrengung. Das Kind wird permanent entmutigt." (Zeile 31)
- „Eigene Interessen haben keine Chance zur Verwirklichung, Willens- und Persönlichkeitsbildung finden nicht statt." (Zeilen 32/33)

zu 4. Bild von Pieter Bruegel 2 (1/1)

Das Bild des niederländischen Malers Pieter Bruegel zeigt das Schlaraffenland. Dort muss man nicht mehr arbeiten, man wird leiblich aufs Beste versorgt. Essen, Schlafen, Träumen, Ausruhen sind die einzigen Tätigkeiten, die noch zu tun sind. In ähnlicher Weise schildert der Autor des Artikels das Verwöhntwerden der Heranwachsenden. Sie befinden sich ebenfalls in einem „Schlaraffenland" und müssen sich um nichts kümmern.

zu 5. Sprachbilder: 6

a) „In-Watte-Packen": (1/1)

Watte ist ein sehr weiches Material, das, dick genug verwendet, jeden zerbrechlichen Gegenstand schützt, jeden noch so harten Schlag um ein Vielfaches dämpft. Ist nun ein verwöhntes Kind leicht erkältet, wird es beim kleinsten Husten ins Bett gelegt, bis oben hin in dicke Decken gehüllt und mit allen möglichen Medikamenten oder Hausmitteln vollgepumpt. Hauptsache, die Bakterien kommen dem Kind nicht zu nahe.

„eine Durststrecke ansteht" (1/1)

Im wörtlichen Sinne bedeutet dieses Sprachbild, dass wir eine Strecke z. B. auf einer

D

Lösungsblatt
Droge Verwöhnung

zu 5. a) (Fortsetzung)

Straße, durstig zurücklegen müssen und nichts zu trinken haben, uns also in einer gefährlichen Notlage befinden. Im übertragenen Sinn gibt es ebensfalls Durststrecken, wo es nicht so läuft, wie man es sich vorstellt. Das ist der Fall, wenn man z. B. arbeitslos wird, aber dringend Geld braucht, weil man bestimmte Raten bezahlen muss. Dramatisch wird das aber, wenn man über einen längeren Zeitraum trotz intensiven Bemühens keine Stelle findet.

b) Zwei weitere Sprachbilder: (2/-)

- „Hürden weggeräumt" (Zeile 26)
- „lebt sich wie im Schlaraffenland" (Zeile29)

zu 6. 4

Dr. Albert Wunsch beschreibt in seiner Überschrift, dass Verwöhnung eine Droge sei. Drogen im ursprünglichen Sinn sind Stoffe, die körperlich und seelisch abhängig machen. Man spricht hier von Sucht. Hat der Körper sich an Drogen wie z. B. Nikotin, Alkohol, Kokain oder Heroin gewöhnt, kann der Konsument nicht einfach aufhören. Unterbleibt die Zufuhr, reagiert der Körper mit schmerzhaften Entzugserscheinungen. (2/2)

In diesem Text konsumiert der Verwöhnte passiv eine Droge auf einer anderen Ebene, nämlich die Verwöhnung. Die Eltern machen alles für ihr Kind und merken nicht, dass sie ihm täglich eine Dosis „Verwöhnung" verabreichen, die auf Dauer süchtig macht. Als Erwachsener wird der Verwöhnte Probleme haben, ein eigenständiges Leben ohne Verwöhnung zu führen, weil er dann auf sich selbst gestellt ist.

zu 7. Einflüsse Gewaltbereitschaft 4

Cluster: (Zusatzangebot) (2/2)

Lösungsblatt
Droge Verwöhnung

zu 7. Einflüsse Gewaltbereitschaft:

In diesem Artikel heißt es, dass Verwöhnung Aggression und Gewalt auslösen kann. Es gibt aber noch andere Einflüsse, die Jugendliche gewalttätig werden lassen.

In der Schule wird auf die Jugendlichen oft großer Druck ausgeübt, dem die Schüler nicht immer standhalten können. Es stauen sich damit Aggressionen gegen Lehrer auf, die ihnen mit aller Macht alles Mögliche beibringen wollen, auch gegen Eltern, die immer nur gute Noten erwarten und vielleicht keine Zeit für ihre Kinder haben. Dadurch entwickelt sich in den Köpfen Hilflosigkeit und Versagensangst, gepaart mit Wut und Hass. Man fühlt sich komplett überfordert und schreibt schlechte Noten. Irgendwann läuft das Fass über und man „explodiert".

Ein weiteres, durchaus schlimmes Problem für die Gewaltbereitschaft der Jugendlichen ist die Popularität von brutalen Videospielen und Filmen. In diesen Games gibt es meist einen Superhelden, der die bösen Agenten und Spione auf brutale Art tötet. Immer wieder kommt es vor, dass die virtuellen Superstars als echte Vorbilder dienen und die Nachahmer vieles tun, um wie ihre Vorbilder zu werden. Dabei merken die Heranwachsenden aber nicht, dass es in diesen Filmen und Spielen nur um Gewalt geht. Es kommt auch immer häufiger vor, dass Jugendliche regelrechte Massaker veranstalten, wie z. B. vor einigen Jahren an einer Schule in Littleton in den Vereinigten Staaten und an einer Schule in Erfurt. Beide Täter hatten Computerhelden zum Vorbild.

zu 8. Mustergliederung: 10 (6/4)

A) Einleitung
- Definition „Droge"
- Themafrage:
  Ist das pauschale Negativbild unserer zukünftigen Generation gerechtfertigt?

B) Hauptteil

I. Gerechtfertigtes Negativbild:
1. Leistungsschwäche
   (Ausweichen schulischer Anforderungen, Schulschwänzen)
2. Angst vor Konflikten
   (Ausweichen, Meinungslosigkeit, Mitläufertum)
3. Unmotiviertheit
   („Null-Bock" auf Schule, Verzicht aufs Lernen)
4. Angepasstheit
   (bequemes und sicheres Leben ohne Anstrengung, keine Finanzprobleme)
5. Kraftlosigkeit
   (keine Energie zum Lernen, körperliche Schwächen)
6. Egoismus
   (Suchen des eigenen Vorteils ohne Rücksicht auf die anderen)

II. Nicht gerechtfertigtes Negativbild
1. Streben nach Unabhängigkeit
   (Loslösen vom Elternhaus, eigene Wohnung)
2. Auflehnung gegen die Normen der Erwachsenen und der Gesellschaft
   (Abgrenzung durch Haare, Kleidung, Tattoos, Piercing, Sprache)
3. Hohe Motivation und Leistungsbereitschaft
   (Lernen im Hinblick auf die Berufswahl, Übertritt an weiterführende Schulen)

D

Lösungsblatt
Droge Verwöhnung

zu 8. (Fortsetzung Mustergliederung)

4. Kraftvoller Einsatz im schulischen und außerschulischen Bereich
   (Hilfe in der Familie, Vereinszugehörigkeit, gute Leistungen im Sport)
5. Zunehmende Cliquen- und Gruppenbildung
   (Wir-Gefühl, Gruppenstärke, Identifikation mit gemeinsamen Zielen)
6. Selbstlosigkeit und Hilfsbereitschaft
   (Gegenseitiges Helfen in der Schule und im Beruf, Benimmkurse)

III. Eigene Meinung:
Leben im „Hotel Mama"

C) Schluss
- Synthese mit kurzer Beantwortung der Problemfrage
- Ausblick in die Zukunft

zu 8. Erörterung:

In dem Bericht „Droge Verwöhnung" ist der Autor Dr. Albert Wunsch der Meinung, dass die Jugendlichen immer mehr verwöhnt werden und dadurch nicht mehr für sich selbst sorgen können. Nach Meinung des Autoren bedetet das, dass die Heranwachsenden kraftlos, ängstlich, leistungsschwach und unmotiviert sind und angepasste Egoisten werden, die sich nach Versorgtsein sehnen. Stimmt dieses pauschale Negativbild, das der Autor von unserer zukünftigen Generation entwirft?
Natürlich spricht einiges für die Meinung des Verfassers. Zum einen haben wir in Deutschland das Problem, dass es immer mehr Jugendliche gibt, die keine Lust haben, in die Schule zu gehen. Also bleiben sie einfach zu Hause oder treiben sich auf den Straßen herum. Ein Artikel im „STERN" berichtete, dass in Norddeutschland rund 15 Prozent der Schüler unentschuldigt vom Unterricht fern blieben. Da liegt der Schluss nahe, dass diese Schüler unmotiviert sind und einfach nicht genug Kraft haben, um sich selbst aufzumuntern.
Ein weiterer Aspekt für die negative Haltung unserer künftigen Generation ist die unterlassene Hilfeleistung aus Angst. Dieses Verhalten fällt einem besonders bei Überfällen auf Ausländer auf. Oft werden diese von rechtsradikalen jugendlichen Gruppen verprügelt und ausgeraubt. Es ist zwar verständlich, dass man nicht dazwischengeht, aus Angst, selber Schläge einstecken zu müssen, aber es ist doch nicht zuviel verlangt, wenigstens die Polizei zu verständigen. Immer wieder sieht man im Fernsehen Menschen, die wegen unterlassener Hilfeleistung vor Gericht stehen. Sieht so eine Nation aus, die als Demokratie für viele Länder Vorbild sein will?
Und doch gibt es einige Bereiche, in denen das negative Bild nicht angebracht ist. Oft heißt es, dass die jungen Leute von hinten bis vorn versorgt werden wollen. Dabei stimmt das oft nicht. Immer mehr Jugendliche wollen relativ früh von zu Hause in eine eigene Wohnung ziehen, arbeiten gehen und selbst für ihren Lebensunterhalt sorgen. Sie verdienen ihr eigenes Geld und wollen unabhängig sein mit der Begründung, dass sie ihr Leben selbst in die Hand nehmen und ihren Eltern nicht mehr auf der Tasche liegen wollen.
Überraschend ist, dass weiterführende Schulen immer beliebter werden. So besuchen jedes Jahr mehr Schüler Gymnasien, Fachoberschulen, Realschulen oder Wirtschaftsschulen. Den Schülern wird klar, dass sie ohne einen guten Schulabschluss so gut wie keine Lehrstelle bekommen werden. An diesen Schülern kann man erkennen, dass doch nicht alle Jugendlichen unmotiviert und leistungsschwach sind.

Lösungsblatt
Droge Verwöhnung

zu 8. (Fortsetzung Erörterung)

Trotz dieser positiven Ausführungen bin ich der Meinung, dass Dr. Albert Wunsch Recht hat. Am deutlichsten wird mir das bei der Lehrstellensuche bewusst. Sehr häufig verlassen sich die Schüler auf ihre Eltern, auf Bekannte, Freunde oder die Bundesagentur für Arbeit. Eigeninitiative zeigen sie selten und kümmern sich zu zögerlich um Ausbildungsplätze. Mein Bruder erhielt von der Bundesagentur für Arbeit viele Ausbildungsangebote, war aber selbst dann noch zu faul, Bewerbungen zu schreiben.
Ein weiterer negativer Aspekt ist meiner Meinung nach, dass die Jugend immer verwöhnter wird. Viele Heranwachsende, aber auch schon Erwachsene im Alter von 25 Jahren oder älter, wohnen noch daheim. Sie wollen von ihren Müttern gepflegt und umsorgt werden, weil das „Hotel Mama“ einfach äußerst bequem ist und nichts kostet. Man hat mehr Geld für seine Hobbys und Freizeitangebote übrig. In vielen Fällen sind diese Leute auch arbeitslos und haben kaum Freunde. In unserem Dorf lebt ein 27-jähriger Mann noch immer bei seiner Mutter und lässt sich von ihr aushalten, weil er keine Arbeit hat und seit Kindheit an immer gewöhnt war, von ihr versorgt zu werden.
Deshalb kann ich dem Autor Dr. Albert Wunsch nur beipflichten, wenn er von einer kraftlosen, ängstlichen, leistungsschwachen, unmotivierten, angepassten und egoistischen Generation spricht. Ob man diese bedenkliche Entwicklung aufhalten oder gar rückgängig machen kann, weiß ich nicht. Ich befürchte, dass unser soziales System mit seinem Wahn, alles und jeden komplett abzusichern, verstärkt dazu beiträgt, dass sich dieser negative Trend im Hinblick auf unsere Jugend fortsetzt.

Viktoria L. (M 10)

36

D | Name: ______________ | Datum: ______________

Merkblatt
Inhaltsangabe

Die Inhaltsangabe soll den Leser **kurz** und **knapp** in **sachlicher** Art und Weise über den Inhalt eines Textes informieren.

1. Auf welche inhaltlichen Gesichtspunkte muss man achten?

Die Inhaltsangabe besteht wie eine Erörterung aus **drei** Teilen.

1. Einleitung:

Im **Einleitungs- oder Basissatz** soll der Leser erfahren:

- **Welche Textart liegt vor?**
- **Wie heißt der Titel ?**
- **Wer ist der Autor des Textes?**
- **Wann ist der Text entstanden?**
- **Wo ist der Text erschienen/abgedruckt?**
- **Worum geht es?**

In wenigen Sätzen ist die Einleitung abgehandelt. Dabei sollte auch die Thematik des Textes mit den wichtigsten Personen angesprochen werden.

2. Hauptteil:

Im Hauptteil erfolgt die **Zusammenfassung des Geschehens**. Der Leser soll den zeitlichen Verlauf der Handlung und deren Ursachen und Folgen verstehen können. Der Hauptteil muss den größten Teil der Inhaltsangabe umfassen.

Wichtig ist, sich von der **Textvorgabe zu lösen** und **eigenständige Formulierungen zu verwenden**. Unwesentliches muss weggelassen werden. **Zitate** müssen in **Anführungszeichen** stehen.

3. Schluss:

Im Schluss sollte ganz kurz eine **knappe Zusammenfassung** des Textes erfolgen, wobei die eigene Meinung des Schreibenden über den Text und seine Wirkung einfließen kann.

2. Welche sprachlichen Gesichtspunkte sollte man berücksichtigen?

1. Die Inhaltsangabe steht grundsätzlich in der **Gegenwart**, im **Präsens**. Das, was vor einer bestimmten Handlung geschehen ist, steht in der zweiten Vergangenheit, im Perfekt.
2. Die Sprache sollte sachlich sein.
3. Wichtige Aussagen können in der **indirekten Rede** wiedergegeben werden.
4. **Elemente der Erlebniserzählung** sowie die **wörtliche Rede** dürfen nicht verwendet werden.

3. Was sollte man beim Schreiben einer Inhaltsangabe beachten?

1. Der Text sollte zumindest **zweimal** durchgelesen werden. Beim ersten Lesen sollte der **Sinn** erfasst werden, beim zweiten Lesen sollten in der Textvorgabe die Hauptpersonen und wichtige „Aktionen“ unterstrichen werden.
2. Der Text ist in **Sinnabschnitte** zu gliedern, wobei Abschnitte oft sehr hilfreich sind.
3. Wichtig ist das Formulieren des **Basissatzes**.
4. Nun folgt das Schreiben des **Hauptteils**. Man sollte aus Zeitgründen ins „Reine“ formulieren, ohne viel aufzusetzen. Es geht vorrangig um Zeit, die man hier einsparen kann.
5. Danach steht die Formulierung des **Schlusses** an. Man sollte sich vorher überlegen, was man schreiben will.
6. Trotz aller Eile sollte man **sauber** schreiben. Wenn man schon durchstreichen muss, dann aber mit Lineal.
7. Auf keinen Fall sollte man vergessen, die Inhaltsangabe am Ende sorgfältig **durchzulesen**.

D | Name: ______________________ | Datum: ______________________

Merkblatt
Stellungnahme

Eine **Stellungnahme** verlangt schlüssiges Argumentieren. In mündlicher Form geschieht das in einer **Diskussion**. Sie erfordert gleichfalls eine überzeugende Darstellung der eigenen Meinung. Die Stellungnahme ähnelt der Erörterung, nur sind Einleitungs- und Schlussgedanke sehr knapp gehalten. Auch der Umfang ist geringer.

1. Auf welche inhaltlichen Gesichtspunkte muss man achten?

1. Stoffsammlung und Kurzgliederung:
- Brainstorming
- Mind-Map / Cluster
- Festlegung der Reihenfolge der Argumente
- Ausarbeitung einer Gliederung oder Kurzgliederung nicht bindend notwendig

2. Einleitungsgedanke:
- Hinführung zum Thema
- Herstellen von Motivation und Interesse beim Leser
- Geringer Umfang (wenige Sätze)
- Keine Vorwegnahme von Argumenten aus dem Hauptteil
- **Themafrage** am Ende der Einleitung

3. Hauptteil:
- **Argumentationsschema** mit den sogenannten **4 B's**
  - **Behauptung** (These)
  - **Begründung**
  - **Beispiel** (Veranschaulichung)
  - **Bezug** (Folgerung, Rückkehr zur Behauptung; nicht immer notwendig)
- Sachlichkeit der Argumentation

4. Schlussgedanke:
- Kurze Abrundung des Themas
- Eigene Meinung

2. Welche sprachlichen Gesichtspunkte sind zu beachten?
- Zeitstufe: Gegenwart (Präsens)
- Sprache: sachlich, objektiv
- Verwendung von Fachausdrücken
- Abwechslung im sprachlichen Ausdruck
- Abwechslungsreiche Satzanfänge
- Treffende Wörter
- Vermeidung von Pauschalurteilen

3. Was sollte man beim Schreiben einer Stellungnahme beachten?
- Wahl des richtigen Themas (Zeit lassen, in Ruhe lesen und überlegen)
- Unterstreichen **wichtiger Begriffe**
- **Stoffsammlung** (Brainstorming)
- **Stoffordnung** (Cluster, zueinander passende Begriffe mit gleichen Farben einkreisen)
- **Stoffgliederung** (Aufschreiben auf ein gesondertes Blatt)
- **Ausarbeitung** in sauberer Form ohne aufzusetzen
- Am Ende nochmaliges **Durchlesen** mit Überprüfung der Rechtschreibung

D	Name: ______________________	Datum: ______________

Merkblatt
Erörterung

Eine Erörterung ist wesentlich umfangreicher als eine Stellungnahme. Sie besitzt eine zum Thema hinführende Einleitung und einen abrundenden Schluss. In einer Erörterung soll der Schreibende objektiv zu einem Sachverhalt oder einem Problem Argumente vorbringen.
Es gibt zwei Typen der Erörterung:
1. **linear** (**einsträngig-steigernd**): Ursachen, Folgen, Gegenmaßnahmen eines Problems
2. **abhandelnd** (**dialektisch**): Vorteile/Nachteile, Für/Wider, Pro/Kontra eines Problems

1. Auf welche inhaltlichen Gesichtspunkte muss man achten?

1. Stoffsammlung, Stoffordnung und Gliederung:
- Brainstorming
- Mind-Map / Cluster
- Festlegung der Reihenfolge der Argumente (bindend)
- Achten auf die richtige Reihenfolge bei der Argumentationsgewichtung
- Entscheidung für Verbalstil oder Nominalstil (in der Gliederung keine ganzen Sätze)
- Nummerierung der Gliederung (A. Einleitung, B. Hauptteil, I., 1., a., ..., C. Schluss)

2. Einleitung:
- Hinführung zum Thema, Herstellen von Motivation und Interesse beim Leser
- Möglichkeiten: **Definition eines Begriffes** aus dem Thema, **aktuelles Ereignis**, **Ereignis aus der Geschichte**, **persönliches Erlebnis**
- Keine Vorwegnahme von Argumenten aus dem Hauptteil
- **Themafrage** am Ende der Einleitung

3. Hauptteil:
- **Argumentationsschema** mit den sogenannten **4 B's**
  - **Behauptung** (These)
  - **Begründung**
  - **Beispiel** (Veranschaulichung)
  - **Bezug** (Folgerung, Rückkehr zur Behauptung)
- Sachlichkeit der Argumentation

4. Schluss:
- Abrundung des Themas (Synthese)
- Möglichkeiten: **Ausblick in die Zukunft**, **Gegensatz**, **Ähnliches**, **eigene Meinung**

2. Welche sprachlichen Gesichtspunkte muss man beachten?
- Zeitstufe: Gegenwart (Präsens)
- Sprache: sachlich, objektiv
- Verwendung von Fachausdrücken
- Abwechslung im sprachlichen Ausdruck (Satzanfänge, treffende Wörter)

3. Was sollte man beim Schreiben einer Erörterung beachten?
- Wahl des richtigen Themas (Zeit lassen, in Ruhe lesen und überlegen)
- Unterstreichen **wichtiger Begriffe**
- Herausfinden des **Erörterungstyps**
- **Stoffsammlung** (Brainstorming)
- **Stoffordnung** (Cluster, zueinander passende Begriffe mit gleichen Farben einkreisen)
- **Stoffgliederung** („Fahrplan" durch die Erörterung)
- **Ausarbeitung** in sauberer Form ohne aufzusetzen
- Am Ende nochmaliges **Durchlesen**

D Name: ______________________ Datum: ______________

Merkblatt
Wie gehe ich an eine Textaufgabe heran?

1. Auf welche inhaltlichen Gesichtspunkte muss man achten?

1. Beide Aufgabengruppen überfliegen. Entscheidung fällen, welche einem besser liegen könnte anhand der beiden letzten Aufgaben jeder Aufgabengruppe. Dabei Zeit lassen.
2. Gewählte Arbeitsaufgabe **langsam und genau durchlesen**. Wichtige **Begriffe unterstreichen**.
3. **Falsche Beantwortung** einer Frage vermeiden.
4. Gefahr einer Themaverfehlung durch ständiges Lesen der Arbeitsaufgaben während der schriftlichen Ausarbeitung vermindern.
5. Nicht in ganzen Sätzen formulieren, wo Stichpunkte verlangt sind und umgekehrt.
6. **Verlangte Seitenvorgaben strikt einhalten**. Wenn diese nicht extra erwähnt sind, gibt die Bepunktung Aufschluss über den Umfang: 4 Punkte = mindestens eine halbe Seite; 6 Punkte = ca. eine Seite; 8 Punkte = ca. eineinhalb Seiten; 10 Punkte = ca. zwei Seiten (gilt nur für 9. Klassen).
7. Bei Inhaltsangaben unbedingt **Basissatz** formulieren.
8. Bei Stellungnahmen einen Einleitungssatz, bei Erörterungen eine komplette Einleitung formulieren. **Themafrage** am Ende der Einleitung stellen.
9. **Doppelte Argumentation** vermeiden .
10. **Unsinnige Argumente** vermeiden.
11. **Verlangte Darstellungsform in der richtigen Zeitstufe schreiben**:
    - **Bericht:** 1. Vergangenheit; sachlich, knapp; keine Erlebniserzählelemente verwenden
    - **Beschreibung:** Gegenwart; detailgenau; vom Einfachen zum Komplexen; vom Besonderen zum Allgemeinen
    - **Aufruf /Appell:** Gegenwart; Adressatenbezug beachten; Aufforderungscharakter
    - **Persönlicher Brief:** Gegenwart oder Vergangenheit; Anredepronomen kleinschreiben; persönliche Bezüge und eigene Gefühle einbringen (innerer Monolog möglich)
    - **Inhaltsangabe:** Gegenwart; sachlich; von der Vorgabe lösen; nichts Wesentliches weglassen
    - **Stellungnahme:** Gegenwart; eigene Erfahrungen einbringen; Argumentationskette einhalten
    - **Erörterung:** Gegenwart; Einleitung und Schluss ausführlich gestalten; Erörterungstyp feststellen; Argumentationskette (4 B's) beachten
12. Schon bei der Aufgabenstellung darauf achten, ob du **persönlich angesprochen** bist. Dann keine „man"-Form verwenden.

2. Auf welche sprachlichen Gesichtspunkte muss man achten?

1. Schon beim Schreiben nach **treffenderen Ausdrücken** suchen.
   ☹ gehen, machen, tun, geben, bekommen, kaputt, gut, schlecht, schön, groß, klein u. a.
   ☺ gehen: eilen, fetzen, rennen, rasen, flitzen, wetzen, humpeln, trippeln, tapsen, schlendern
   ☺ machen: betreiben, erledigen, ausüben, anfertigen, abschließen, tätig sein
   ☺ kaputt: verboilt, zerstört, defekt, zerrissen, zerplatzt, zerknüllt, demoliert, zersplittert
   ☺ gut: vorteilhaft, vorzüglich, passend, effektiv, schmackhaft, lobenswert, stabil, wertvoll
2. **Abwechslungsreiche Satzanfänge** (Konjunktionen)
   - Anreihungen: und, dann, daraufhin, darauf, dazu, ein weiteres Argument
   - Gegensätze: trotzdem, aber, obwohl, dagegen, im Gegensatz dazu, dagegen spricht
   - Folgerungen: deshalb, darum, folglich, demzufolge, weiterhin, aus diesem Grund
3. **Wiederholungen vermeiden** und durch Pronomen oder andere gleichwertige Wörter ersetzen.
   - Jugendliche: sie; Heranwachsende, junge Leute, die Jugend
   - das Fahrrad: es; Rad, Bike, „Drahtesel", Gefährt, fahrbarer Untersatz

3. Was sollte man beim Bearbeiten einer Textaufgabe beachten?

1. Auf eine **saubere äußere Form** achten. Zumindest bei den kürzeren Aufgaben sich angewöhnen, sofort „ins Reine" zu schreiben. Mit Lineal durchstreichen.
2. Jede Arbeitsaufgabe am Ende der Bearbeitung noch einmal **durchlesen**. Dabei auf die Rechtschreibung achten. Rechtzeitig überprüfen, ob nicht eine Arbeitsaufgabe vergessen wurde.

D	Name: ______________________________	Datum: ____________________	

Bewertungshilfe für die Textsorten
Inhaltsangabe / Stellungnahme / Erörterung

Inhaltliche Gesichtspunkte:

A. Einleitung:
☺ Kompletter Basissatz: Textart, Titel, Autor, Quelle, Thematik mit Ort, Zeit und Hauptperson(en)
☺ Einleitungsgedanke vollständig erfasst und realisiert
☺ Themafrage steht am Ende der Einleitung

☹ Einleitung zu lang oder zu kurz oder fehlt ganz
☹ Vorwegnahme von Informationen, die in den Hauptteil gehören
☹ Fehlen wichtiger Informationen beim Basissatz
☹ Fehlen der Themafrage

B. Hauptteil:
☺ Logisch richtiges Wiedergeben des Inhalts
☺ Knappe Darstellung und Weglassen von Unwichtigem
☺ Verwendung eigener Formulierungen
☺ Konsequentes Einhalten des Argumentationsschemas (4 B's)
☺ Treffendes Beispiel bei jedem Argumentationspunkt

☹ Sachliche Fehler
☹ Weglassen von Wesentlichem
☹ Nebensächliches im Vordergrund
☹ Abschreiben von wesentlichen Teilen der Textvorlage
☹ Kommentare und Wertungen des Schreibenden
☹ Argumentationsschema unvollständig (Beispiele fehlen)

C. Schluss:
☺ Kurze Zusammenfassung des Textes
☺ Schlussgedanke adäquat ausgeführt
☺ Eigene Meinung fundiert dargeboten

☹ Schluss zu lang, zu kurz oder fehlend
☹ Anführen von Argumenten, die in den Hauptteil gehören
☹ Fehlen der eigenen Stellungnahme

Sprachliche Gesichtspunkte:
☺ Gegenwart (Präsens)
☺ Satzbau
☺ Keine gedanklichen Sprünge
☺ Keine Wiederholungen und keine Erlebniserzählelemente
☺ Treffende Wörter
☺ Abwechslungsreiche Satzanfänge
☺ Grammatik
☺ Rechtschreibung

☹ Falsche Zeitstufe
☹ Verwendung von Erlebniserzählelementen
☹ Gedankensprünge
☹ Fehlen von Überleitungen
☹ Wiederholungen
☹ Grammatikalische Fehler (Probleme im Satzbau, Bezugsfehler)
☹ Rechtschreibfehler